PRINZESSIN MÄRTHA LOUISE
ELISABETH NORDENG

ENGEL UND IHRE GEHEIMNISSE

PRINZESSIN MÄRTHA LOUISE
ELISABETH NORDENG

Engel und ihre Geheimnisse

IHRE NATUR, IHRE SPRACHE
UND WIE MAN
SICH IHNEN ÖFFNET

Hinweise

Die im Buch veröffentlichten Anleitungen wurden von den Verfasserinnen und dem Verlag sorgfältig erarbeitet und geprüft. Eine Garantie kann dennoch nicht übernommen werden. Ebenso ist die Haftung der Verfasserinnen bzw. des Verlages und seiner Beauftragten für Personen-, Sach- und Vermögensschäden ausgeschlossen. Um den Lesefluss nicht zu erschweren, wurde meist auf die Doppelung männlicher und weiblicher Nomen und Pronomen verzichtet. Selbstverständlich soll in diesen Fällen die übliche »männliche« Form auch den weiblichen Teil der Bevölkerung umfassen. Begriffe mit Sternchen * sind auf S. 155/156 erklärt.

Titel der Originalausgabe:
»Englenes hemmeligheter.
Deres natur, språk og hvordan du åpner opp for dem.«
Copyright © 2012 by Cappelen Damm AS, Norwegen

Deutsche Ausgabe: © 2012 KOHA-Verlag GmbH Burgrain
Aus dem Norwegischen von Daniela Stilzebach
Lektorat und Layout: Birgit-Inga Weber
Covergestaltung: Sabine Dunst / Guter Punkt, München
Foto der Autorinnen: Mona Nordøy
Ornamente: Shutterstock
Gesamtherstellung: Karin Schnellbach
Druck: CPI Moravia Books
ISBN 978-3-86728-197-3

Inhalt

Vorwort

Wir beide haben in unserer Kindheit ganz ähnliche Erfahrungen gemacht – trotz unserer unterschiedlichen familiären Herkunft. Schon als kleine Kinder waren wir überdurchschnittlich empfindsam. Oft hatten wir das Gefühl, erkennen zu können, was die Menschen hinter ihren lächelnden Gesichtern empfanden. Manchmal wussten wir nicht, ob unsere Sorge wirklich unsere eigene oder die eines anderen war, ob der Schmerz, den wir plötzlich im Rücken verspürten, unser eigener oder der eines anderen im Raum war. Damals verfügten wir nicht über die geistigen Werkzeuge, um uns gegen diese Sinneseindrücke zu schützen, und es war anstrengend, so viel von anderen aufzunehmen. Gleichzeitig war es verwirrend, denn allzu viele Menschen sagen etwas vollkommen anderes als das, was sie fühlen.

Bereits als Kind stand Elisabeth im Kontakt mit ihrem Schutzengel Piken (»Mädchen«) – eine Verbindung, die für sie etwas ganz Natürliches darstellt. War sie mit dieser Kraft verbunden, brauchte sie nichts anderes; sie fühlte sich sicher und von Liebe umgeben.

Märtha kann sich nicht an so einen Kontakt in der Kindheit erinnern, dachte damals aber, jeder könne die gleichen Impulse von Mitmenschen empfangen wie sie.

Eines Tages erkannten wir, dass andere solche Sinneseindrücke nicht in der gleichen Weise wie wir wahrnahmen. Deshalb versuchten wir, diese Art von Kontakt und Empfindsamkeit auszublenden, und verloren dadurch unser Navigationssystem durchs Leben. Wir wurden schüchtern, unsicher, einsam und fühlten uns andersartig. Dennoch wohnte uns beiden eine Neugierde inne, die uns vorantrieb: Warum fühlten wir diese Dinge? Woher kamen sie? Was war eigentlich unsere Aufgabe auf der Erde?

Für Märtha erfolgte die erneute Hinwendung zur Spiritualität unter anderem durch die Begegnung mit ihrem Schutzengel. In einem Buch hatte sie über den Kontakt mit Engeln gelesen. Bei ihrer ersten Begegnung mit ihrem Schutzengel nahm sie einen Duft von Rosen und eine von Liebe erfüllte Gegenwart wahr; beides war so stark, dass sie nicht einfach so tun konnte, als würde es nicht existieren. Von diesem Tag an änderte sich ihr Leben langsam, aber stetig. Sie nahm die Spiritualität ernst, begann ihrem Herzen zu folgen und besuchte einen Kurs zur Schulung der Hellsicht, bei dem auch Elisabeth teilnahm

Als sich Elisabeth mit Anfang zwanzig auf die spirituelle Suche begab, tauchte die Anwesenheit dessen, was sie als Piken aus ihrer Kindheit wiedererkannte, erneut in ihrem Leben auf. Sie erinnerte sich, wie wichtig dieser Kontakt damals gewesen war, und fing mit demselben Kurs wie Märtha an.

2007 gründeten wir Astarte Education, im Volksmund als »Engelsschule« bezeichnet. Hier bieten wir Seminare an, in denen die Selbstentfaltung mit einer spirituellen Dimension verknüpft ist. Eine zentrale Rolle nimmt dabei der Kontakt mit den Engeln ein. Wir möchten allen diese Erfahrung ermöglichen, damit jeder Einzelne die Inspiration findet, als eben der Mensch zu leben, der er in Wirklichkeit ist.

Wir meinen, es gibt einen Unterschied zwischen Religiosität und Spiritualität. Für uns besteht Religiosität darin, einer Glaubensgemeinschaft anzugehören, deren Normen, Wahrheiten und Lebensregeln man folgt und dadurch Gott begegnet. Spiritualität hingegen bedeutet, spirituelle Erlebnisse zu haben, das heißt, wenn man so will, eine universelle Kraft der Liebe, eine göttliche Liebeskraft zu erleben. Man kann zugleich einer Glaubensgemeinschaft angehören und spirituell sein. Die spirituellen Werkzeuge, die wir dir an die Hand geben, sind wie eine Landkarte und ein Kompass, damit du deinen ganz eigenen, individuellen Weg findest.

2009 haben wir »Møt Din Skytsengel« (deutsche Ausgabe: »Schutz-engel begleiten dich«) veröffentlicht – eine innere Reise mit dem Ziel, deine wahre Kommunikation mit dem Herzen, dem Körper, der Aura, der Erde, dem Universum ... und deinem Schutzengel zu entdecken. Die Meditation »Geschenk an dich selbst«, die sowohl in unserem ersten als auch in diesem Buch (S. 109) beschrieben ist, bildet die Grundlage unseres gesamten Unterrichts und den Ausgangspunkt in allen Formen der Begegnung mit Engeln. Du kannst sie zum einen als eine stille Meditation üben, bei der du dich für eine halbe Stunde an einen ruhigen Platz zurückziehst, zum anderen auch als eine Methode nutzen, um die Anwesenheit deines Schutzengels im Alltag bewusst zu spüren sowie mit ihm zu kommunizieren.

Es ist kein Geheimnis, dass wir mit Engeln kommunizieren. Ein Großteil der Botschaften in diesem Buch ist aus Gesprächen mit den Engeln und dank ihrer Inspiration entstanden. Deutlich wird das sowohl im Text generell als auch in Form direkter Zitate, die aus den Gesprä-chen mit ihnen stammen. Außerdem möchten wir hier unsere eigenen sowie die Engel-Erlebnisse anderer mit dir teilen. Die Geschichten, die nicht unsere eigenen sind, wurden anonym wiedergegeben, jedoch von den Betreffenden genehmigt.

Dieses Buch beschreibt die Eingangspforte zu unserer Wahrheit, nicht *die* Wahrheit. Jedes Individuum hat eine persönliche Art, seine eigene Wahrheit zu finden, und erlebt die Engel auf seine individuelle Weise. Dieses Buch mag dich dazu inspirieren, dich auf die Suche nach innen, hinein in dein eigenes göttliches Universum zu begeben. Es gibt unendlich viele Engel, die man kennenlernen und erleben kann, und du darfst dir sicher sein: Sie wünschen sich den Kontakt mit dir. Durch dieses Buch haben uns die Engel neue Seiten gezeigt, die wir gern mit dir teilen möchten.

Der spirituelle Weg

ist ganz einfach die Reise,
unser Leben zu leben.
Jeder befindet sich auf einem
spirituellen Weg – die meisten
wissen es nur nicht.

Marianne Williamson

Einleitung

Bei unseren Vorträgen, die uns in viele Länder der Welt führen, erleben wir oft, dass die Menschen mehr daran interessiert sind, wie *wir* mit unseren Engeln kommunizieren, als daran, ihren eigenen Weg zu finden, dies zu tun. Das hatte zur Folge, dass bei unseren letzten Vorträgen und Interviews stets ein quengelnder Engel zugegen war, der uns regelmäßig daran erinnerte, dass nicht wir es sind, die wichtig sind. Dieser Engel hat vollkommen recht. Wichtig ist, wie du deinen Kontakt mit den Engeln finden kannst, die dich zu jeder Zeit umgeben. Wie kannst du lernen, ihnen auf deine ganz eigene Weise zuzuhören? Wie kannst du all ihre Zeichen erkennen, die du für gewöhnlich einfach abtust?

Wir leben in einer sehr turbulenten Zeit. Einerseits kann dies wie eine negative Spirale wirken; andererseits ist diese Zeit zugleich von einer größeren Offenheit gegenüber spirituellen Kontakten geprägt. Immer mehr Menschen öffnen sich ihrer eigenen Spiritualität und der universellen Kraft der Liebe, Gott, dem Universum, der Schöpferkraft – oder wie auch immer du diese alles durchdringende und alles umschließende Kraft nennen möchtest. Auch wenn sie viele Namen hat, ist die Kraft dennoch die gleiche.

Jeder Mensch entscheidet in eigener Verantwortung, welchem Teil von sich er zuhört: dem Teil, der den Weg der Liebe darstellt, bei dem du dich und andere beschenkst und der sowohl Liebe als auch das Gefühl hervorbringt, dass es von allem mehr als genug gibt; oder dem destruktiven Teil, der bei dir und anderen Furcht auslöst sowie Unsicherheit und das Gefühl des Mangels erzeugt. In einer Zeit wie dieser ist es besonders wichtig, sich der Sprache der Engel zu öffnen und ihrer liebevollen Annäherung zu lauschen. Die Engel sind für uns da. Sie sind wahr. Sie sind echt. Sie existieren. Wenn wir sagen, wir glauben nicht, dass es Engel gibt, sondern wir *wissen* es, stellt das für einige Menschen eine Provokation dar. Es ist wie ein ungeschriebenes Gesetz, das es zwar erlaubt, an Engel zu glauben, nicht aber zu sagen, man wisse, dass sie existieren. Diese inoffizielle Regel untersagt Menschen das Recht, den Erlebnissen zu vertrauen, die sie im Kontakt mit Engeln haben (weil diese ja angeblich nicht existieren), und gibt vor, man dürfe nur der gesunden Vernunft vertrauen, die behauptet, der Glaube, dass so etwas existieren kann, sei Utopie. Gleichwohl soll man sich an die Hoffnung und den Glauben klammern, dass wir von Engeln umgeben sind.

Das Wort *Engel* stammt sowohl vom hebräischen *mal'ach* (מלאך) als auch vom griechischen *angelos* (αγγελος) ab und bedeutet »Sendbote«. In vielen Religionen werden Engel als übernatürliche, oft mit Flügeln ausgestattete Geisteswesen beschrieben. In der jüdischen, christlichen, islamischen und persischen Tradition gelten die Engel als Diener und Boten Gottes. Ist in der Bibel die Rede von Sendboten aus der Geisteswelt, wird dies mit »Engel« übersetzt; dabei werden sie als mit einer eigenen Persönlichkeit ausgestattete Wesen geschildert. In der christlichen und in der jüdischen Tradition werden sie als *Erzengel, Serafim, Cherubim* und *Botenengel* bezeichnet. Der Islam folgt mit *Hamalat al-Arsh, Karibuyin* und den *Erzengeln* im Großen und Ganzen der gleichen Einteilung. Im Hinduismus nennt man sie *Deva*, im Buddhismus *Bodhisattva*.

Das Neue Testament wurde in griechischer Sprache niedergeschrieben; paradoxerweise kann das Wort *pistis*, das im Norwegischen mit »Glauben« wiedergegeben wird, ebenso gut mit »Vertrauen« übersetzt werden. »Glauben« impliziert noch immer Unsicherheit, denn du glaubst, etwas kann so oder so sein. »Vertrauen« hingegen schließt die

Unsicherheit aus; du hast eine Gewissheit in dir, dass etwas so ist. Stell dir vor, wir würden statt »Ich glaube an Gott und die Engel« sagen: »Ich vertraue Gott und den Engeln.« Das ist ein vollkommen anderer Ausgangspunkt, und die Erlebnisse jedes Einzelnen können auf diese Weise wahr werden. Das eröffnet wiederum die Chance, dass die Engel aktiv an unserem Leben teilnehmen können. Es kommt zu einem Austausch. Daher ist es wichtig, zu verstehen, wie die Engel tätig sind, wer sie sind, wie sie mit dir kommunizieren und wie du einen täglichen Kontakt mit ihnen aufbaust. Oft ignorieren wir Menschen diesen Kontakt und setzen stattdessen auf die Vernunft. Eigentlich ist es ziemlich unlogisch, dass wir ausschließlich unseren logischen Verstand gebrauchen, wenn es doch etliche weitere Möglichkeiten gibt. Merkwürdig, dass wir uns darauf beschränken, nur einen Teil unseres Potenzials zu nutzen, wenn wir doch so viel aus dem energetischen Anteil in uns herausholen können, indem wir den Körper und diesen Energieanteil in einen Austausch treten lassen. Natürlich dürfen wir nicht aufhören, unseren Intellekt zu verwenden. Vielmehr geht es darum, das ganze Ich einzubeziehen und das Herz und den Verstand harmonisch miteinander agieren zu lassen. Wenn wir damit beginnen, dieses Potenzial ernst zu nehmen, kann die Welt ein neuer Ort des Daseins werden, wo wir die Möglichkeit haben, in Harmonie miteinander und mit der Natur zu leben.

Wir haben uns entschieden, im Rahmen dieses Buches die Welt in einen physischen und einen energetischen Teil zu untergliedern, um dadurch das Greifbare und das Nichtgreifbare – aber dennoch Wirkliche – verständlicher und deutlicher zu machen. Laut Quantenphysik gibt es nichts anderes als Energie. Ein Atom besteht nur aus Energiewirbeln, und das Physische existiert, weil diese Energiewirbelwinde so schnell umherschwirren, dass sie fest werden. Auch der traditionellen Bohr-Theorie zufolge, gemäß der Atome aus Protonen mit positiver Ladung und Elektronen mit negativer Ladung bestehen, sind Atome im Grunde genommen Energie und keine feste Materie. Dennoch sind wir Menschen meistens zurückhaltend gegenüber einer physischen Wirklichkeit, die – ungeachtet dessen, aus wie viel Energie sie besteht – ab und an sehr hart wirken kann, wenn man ihr in rasantem Tempo begegnet. Neben der physischen gibt es die energetische Wirklichkeit, gegenüber der wir zurückhaltend sein können. Dies ist der nicht sichtbare, aber genauso wirkliche Teil sowohl der Natur als auch von uns Menschen. Das heißt, sowohl die Welt als auch jeder Einzelne von uns besteht aus einem physischen und einem energetischen Teil. Der energetische Teil stellt die Eingangspforte zum Spirituellen in dir selbst sowie zu den Engeln dar.

Begibt man sich auf eine innere Reise, genügt es nicht, sich nur mit Licht und schönen Gedanken zu füllen, ohne auch ein bisschen aufzuräumen. Eine Wohnung, die mit den schönsten Möbeln eingerichtet ist, erweckt keinen besonders freundlichen Eindruck, sofern man nicht zwischendurch putzt. Dort wo anstelle all des Schönen, mit dem du dein Heim zu schmücken versuchst, der Staub dominiert, wird es schmutzig aussehen. Daher ist es wichtig, dass du tief in dich hineingehst und neugierig darauf bist, was sich in deinem Inneren findet. Um dich zu inspirieren, im Bewusstsein einige Schritte weiterzu gehen, haben wir in den Text eine Reihe von Sätzen eingeflochten, bei denen du verweilen und nachspüren kannst, welchen Einfluss sie auf dich haben. So kannst du den angesammelten »Staub« loslassen und all das Schöne in dir nutzen.

In unserem ersten Buch, »Schutzengel begleiten dich«, haben wir besprochen, wie du dich mit dem Herzen, der Aura, der Erde, dem Universum und deinem Schutzengel verbinden kannst. Wir alle haben die Möglichkeit, mit unserem Schutzengel einen guten Kontakt zu pflegen, denn er begleitet uns von der Geburt bis zum Tod. Gleichzeitig gibt es da draußen unendlich viele Engel, die uns in allen Situationen und zu jeder Zeit beistehen wollen. Die Begrenzungen setzen ausschließlich wir Menschen. Früher waren spirituelle Kontakte nur wenigen vorbehalten. Heute gibt es immer mehr Menschen, die sich gegenüber diesen von Liebe erfüllten Lichtgestalten öffnen. Mehr, die Fragen stellen und Antworten bekommen und die es schaffen, in Harmonie mit sich selbst und ihrem eigentlichen Potenzial zu leben.

Bist du neugierig, wie dein Leben aussehen würde, wenn du es von deinem höchsten Potenzial aus lebst?

In diesem Buch decken wir Geheimnisse über die Engel auf – Geheimnisse, die es dir erleichtern, diesen Wesen so zu begegnen, wie sie sind. Die Engel möchten sich dir zu erkennen geben, aber dafür solltest du wissen, wie sie tätig sind und wie sie mit dir in Verbindung treten. Engel kommunizieren auf vielfältige Arten. Hier beschreiben wir, wie du ihre Zeichen leichter deuten kannst, Antworten bekommst und dir des direkten Kontakts bewusst wirst, der für dich einzigartig ist und den du – höchstpersönlich – mit den Engeln haben kannst. Ohne diesen Kontakt verlieren auch die Engel die Chance, den Wert zu erfahren, mit dem gerade *du* ihnen begegnen kannst, und sie verlieren damit eine Qualität in ihrem Spektrum. Das ist genau so, als wären wir Menschen der Regen und die Engel die Sonne: Zusammen erschaffen wir einen wunderschönen Regenbogen. Nur du kannst gemeinsam mit den verschiedenen Engeln deinen individuellen Regenbogen erschaffen. Ohne deinen Regenbogen ist das Universum ärmer, weniger farbenfroh. Ja, so wichtig ist der Kontakt jedes einzelnen Menschen mit den Engeln. Verstehst du jetzt, warum die Engel es für so wichtig erachten, dass gerade *du* diesen Kontakt wieder aufnimmst?

Wir sind wie Kinder,

die Meister brauchen, damit sie uns
erleuchten und uns den Weg weisen.
Und Gott hat dafür gesorgt, indem
er seine Engel dazu auserwählt hat,
unsere Lehrer und Berater zu sein.

Hl. Thomas von Aquin (um 1225–1274)

Kapitel 1

Die Geheimnisse der Engel

Von dem Moment an, in dem die Seele im Körper Wohnung bezieht – dem Augenblick der Inkarnation –, werden wir von Engeln begleitet. Den Übergang können wir als einen goldenen Trichter oder eine Leiter sehen: Er reicht von dem Ort, an dem du dich als Seele befindest, bis zu deinem Körper, der im Bauch deiner Mutter entsteht. Dieser Goldtrichter ist umgeben von Engeln und gefüllt mit Gotteskraft – der reinsten Liebeskraft. Nur einer der Engel begleitet dich durch den Trichter hindurch auf deinem Weg auf die Erde: dein Schutzengel. Die anderen Engel, die euch beide umgeben, befinden sich außerhalb des Trichters. Insofern werden wir mit einer soliden Verbindung zu den Engeln geboren. Das Universum, Gott, die bedingungslose Liebe oder wie auch immer du die Schöpferkraft nennen möchtest, wird uns nicht ohne göttliches Gefolge auf die Welt gehen lassen. Trauen wir uns, ihnen gegenüberzutreten, dürfen wir zugleich diesem Teil der Schöpferkraft begegnen. Die Engel werden zu einem Bindeglied zwischen der Schöpferkraft und uns. Neben einem direkten Kontakt zur Schöpferkraft können wir also auch Verbindung mit den Engeln haben. Das eine schließt das andere nicht aus, sondern öffnet eine weitere Eingangspforte zum Göttlichen.

Als Säuglinge haben wir eine starke Verbindung zu diesen Lichtgestalten um uns herum. Je mehr wir im Körper und im Leben ankommen, desto stärker entfernen wir uns leider von diesem Kontakt. Was wir anfassen und fühlen können, wird unsere Wirklichkeit, und je älter wir werden, desto mehr vergessen wir oder entscheiden uns dagegen, dass der spirituelle Aspekt ein wichtiger Teil dessen ist, wer wir sind. Obwohl uns vielleicht die Sehnsucht innewohnt, dass es mehr als die physische Wirklichkeit geben muss, beginnen wir, die Erlebnisse mit diesen Lichtgestalten zu bagatellisieren: Wir halten uns ausschließlich an den physischen Teil von uns selbst und vergessen, dass wir auch aus einem energetischen Teil bestehen.

Plötzlich sind wir erwachsen und haben alles richtig gemacht: Wir sind in die Schule gegangen, haben die Ausbildung beendet, eine Arbeit gefunden, eine Wohnung bezogen, vielleicht geheiratet und Kinder bekommen – trotzdem ist uns zumute, als würde etwas fehlen. Denn bei allem Streben, der Vernunft entsprechend zu leben, vergessen wir, wer wir in Wahrheit sind: Wir sind göttliche Seelen, die einen Körper bekommen haben, und wir sind eine Zeit lang auf der Erde, um zu lernen. Gelegentlich haben wir das Gefühl, wir seien vergebens hier auf Erden und mutterseelenallein. Viele Menschen fühlen, sie gehören nicht hierher, oder wollen nach Hause – wo auch immer »zu Hause« ist. Sie vergessen, dass sie jemanden an ihrer Seite haben – jemanden, den sie weit von sich geschoben haben und dem sie nicht mehr zuhören. Denn die Engel respektieren immer unseren freien Willen. Wir Menschen sind es, die den Kontakt abbrechen und vorgeben, ihn nicht (mehr) zu benötigen. Die Engel stehen jederzeit bereit, wann auch immer wir diese Verbindung wünschen. Hast du dich einmal dazu entschieden, den Kontakt wieder aufzunehmen, dann sind sie da. Da draußen gibt es eine Flut arbeitsloser Engel, die nur darauf warten, dass du einer von denen wirst, die ihnen sinnvolle Aufgaben geben. Sie sind hier, um uns zu helfen. Nutzen wir diese Gelegenheit nicht, dann können sie ihre Aufgabe nicht erfüllen: nämlich uns die Möglichkeit aufzuzeigen, ausgehend von dem Liebesimpuls in uns, zu leben – von dem Licht, das wir in unserem Inneren tragen. Möchtest du den Engeln helfen, ihre Aufgaben hier auf der Erde zu erfüllen, beginne, indem du den Kontakt zu ihnen wieder aufnimmst. Denn es ist tatsächlich so: Helfen sie uns, helfen wir auch ihnen. Haben wir diesen Kontakt jedoch erst unterbrochen, ist es für uns Menschen oft ein Problem, zu ihm zurückzufinden. Wir haben allmählich unser Leben mit der Überzeugung befrachtet, die Welt sei ein unsicherer Ort. Wir leben mit der Furcht, was passieren könnte, wenn wir das eine oder das andere tun. Was früher in uns mit Vertrauen zum Leben, zu den Engeln und der Welt erfüllt war, ist jetzt mit Furcht besetzt. Es ist ein Stück Arbeit, diese Furcht loslassen zu können, die uns so intensiv zu überzeugen versucht, die Welt sei kein guter Ort, um hier zu leben.

Es ist nicht schwer, diese Überzeugung zu haben; man muss sich nur umschauen, und schon bekommt die Furcht recht – angesichts von Kriegen, Erdbeben, Vulkanausbrüchen, Flutwellen, Hungerkatastrophen, Wirtschaftskrisen, Terror und Gewalt. Im näheren Umfeld ist es die Angst, den ungeliebten Arbeitsplatz aufzugeben, aus Furcht, keinen neuen zu finden. Ist man arbeitslos, ist da die Angst, keine neue Stelle zu finden und die Familie nicht versorgen zu können. Oder man fürchtet, die Idee, die man schon so lange mit sich herumträgt, in die Realität umzusetzen, schließlich hat man keine Garantie, dass sie von Erfolg gekrönt sein wird. Was auch immer dich zurückhält, sei sicher, es hängt auf die eine oder andere Weise mit dem Thema Angst zusammen. Ja, du kannst natürlich in dieser Überzeugung verbleiben und ausgehend von deiner Angst die Welt betrachten und ihr begegnen. Sei dir aber im Klaren: Indem du das tust, erschaffst du auch mehr Angst in dir selbst sowie um dich herum. Du wirst Ereignisse anziehen, die Angst auslösen. Du wirst mehr Angst empfinden. Denn so funktioniert das Universum: Das, worauf wir unseren Fokus richten, verstärkt sich.

Die meisten Menschen kennen Angst in der einen oder anderen Form. Sie ist ein natürlicher Teil des Menschseins. In ihrer reinsten Form ist unsere Angst ein gesunder und lebensrettender Mechanismus: Sind wir Gefahren ausgesetzt, wird die Angst in uns eine Reihe automatisierter Handlungen auslösen, die uns von der gegebenen Gefahr wegbringen. Würden wir zum Beispiel in der Savanne Afrikas von einem Löwen angegriffen, würde manch einer vielleicht bleiben und kämpfen, während wir selbst ganz instinktiv wegrennen. Das liegt in unserem genetischen Erbe begründet. In unserem Teil der Erde werden die wenigsten mit dieser Art von Gefahr konfrontiert. Dennoch ist bei vielen die Angst sehr stark ausgebildet. Das Allerwichtigste besteht darin, diese Angst zu erkennen. Hier kommen die Engel ins Spiel, indem sie uns neue Blickwinkel eröffnen.

Engelperspektive

Betrachten wir die Welt von einer Engelperspektive her – also ausgehend von einem von Liebe erfüllten Ort in uns selbst –, ist es nur das, was wir dort draußen sehen. Wo andere Katastrophen sehen, wirst du Chancen erkennen können. Wo andere Dunkelheit wähnen, wirst du Licht wahrnehmen können. Du wirst Situationen erschaffen, die gut für dich und deine Nächsten sind. Die Engel möchten, dass wir froh und glücklich sind. Sie möchten, dass wir zu einhundert Prozent wir selbst sind, denn dafür sind wir hier auf der Erde. In vollkommener Freiheit und Freude über das Leben und das Werk der Schöpfung.

Denkst du vielleicht, das könnte ein schöner Ort sein – wären nur nicht so viele törichte Leute hier? Nun gut, damit kannst du gelegentlich recht haben. Nichtsdestoweniger sind wir Menschen hier, um voneinander zu lernen; um an den unerlässlichen Erfahrungen zu wachsen, die wir durch die Begegnung mit anderen Seelen hier auf der Erde gewinnen. Begegnen wir ihnen ausgehend von der Liebeskraft in uns, erkennen wir in jeder Lage das Licht. Begegnen wir ihnen mit der Angst in uns, sehen wir in jeder Situation die Begrenzung.

Wie entscheidest du dich, der Welt in diesem Augenblick zu begegnen?

Okay, sagst du jetzt vielleicht. Ich möchte gern mit der Wahrheit in mir in Kontakt treten, aber wie schaffe ich das? Die Antwort ist einfach, dennoch so schwer zu verwirklichen: Du musst lernen zuzuhören.

Bevor wir näher auf die verschiedenen Varianten eingehen, wie du Zuhören lernen kannst, ist es bedeutsam, Klarheit über einige Geheimnisse zu erlangen, die dir die Engel mitteilen möchten, und herauszufinden, welches deine individuelle Art und Weise ist, Informationen aufzunehmen. Vielleicht hast du schon bemerkt, dass die Engel ein bisschen anders auftreten und anders sind als wir. Deshalb kann es schwer sein, zu begreifen, wie sie sind. Allzu leicht vergleichen wir uns mit den Engeln und schreiben ihnen menschliche Qualitäten zu, die sie womöglich überhaupt nicht haben. Obwohl wir ihnen letztlich ähnlich sind, was unseren energetischen Anteil betrifft, agieren sie aus ganz anderen Gesetzen heraus als den physischen, die wir gewohnt sind.

Wir haben sieben Geheimnisse gesammelt, die uns die Engel übermittelt haben. Die Geheimnisse umfassen unterschiedliche Qualitäten und Gesetze, denen die Engel folgen und die anders sind als unsere physischen Gesetze.

ERSTES GEHEIMNIS

Dies ist das erste Geheimnis, das die Engel dir gegenüber preisgeben möchten: Sie sind aus reiner Gotteskraft, aus reinem Licht erschaffen. Sie sind ein Aspekt des Universums, Gottes, der vorbehaltlosen Liebe oder wie auch immer du die Kraft der Schöpfung nennen möchtest. Das ist vielleicht keine Überraschung; dennoch ist es wichtig, zu verstehen: Gerade weil sie reine Gotteskraft, also reine Energie sind, folgen sie auch anderen Gesetzen. Sie agieren daher nicht in der logischen Welt, so wie wir es zu tun gewohnt sind. Nein, sie existieren in der energetischen Welt, in der alles möglich ist.

Ihre Natur ist es, zu sein und zu erschaffen. Weil sie nicht wie wir den physischen Beschränkungen unterliegen, können sie sich gleichzeitig in alle Richtungen bewegen, unabhängig vom Gesetz der Schwerkraft und den Begrenzungen, denen wir ausgesetzt sind. Sie folgen den energetischen Gesetzen.

Das solltest du über die energetischen Gesetze wissen:

Während unsere Erfahrung besagt: »Wenn du alles aufisst, ist das Essen alle«, ist in der energetischen Welt das Gegenteil der Fall, nämlich je mehr du von etwas verbrauchst, desto mehr wird davon erschaffen.

Wir begegnen oft der Überzeugung: Hat man eine Fähigkeit als Gabe bekommen, zum Beispiel die Kraft des Heilens, darf man sie nicht verschwenden; sie muss bewahrt und mit Sorgfalt eingesetzt werden. Das ist ein Missverständnis, denn hier agieren wir gegenüber unseren Begrenzungen und vergessen, dass diese Gaben, wie alles andere, dem göttlichen Überfluss entstammen. Je stärker du von deinen Fähigkeiten Gebrauch machst und je mehr Menschen dies tun, desto *mehr* wird zu uns allen kommen. Je intensiver du deine Fähigkeit nutzt, desto mehr wird sie geladen und gestärkt.

Viele Menschen denken, sich selbst zu verwirklichen, sei egoistisch. Wenn man aber die energetischen Gesetze kennt, wird auch dieses Prinzip auf den Kopf gestellt. Weil für uns diese göttliche Energie unlogisch erscheinen mag (an und für sich ist sie nicht unlogisch; es sind nur wir, die sie als unlogisch erleben, weil wir die physischen Gesetze hier auf Erden allzu gut kennen), agiert sie auch unlogisch im Hinblick darauf, anderen zu geben. Als wir mit Healing* arbeiteten, entdeckten wir: Je mehr der Heiler sich selbst göttliche Energie gibt, desto mehr gibt er zugleich der Person, die er heilt. Das heißt: Nutzt du Healing und gibst diese Kraft ausschließlich anderen, hat dies nicht den gleichen Effekt, als wenn du gleichzeitig voll und ganz auch dir selbst gibst. Schenkst du dir selbst einhundert Prozent der Heilungskraft, wirst du auch dem anderen einhundert Prozent geben.

Verlass dich nicht auf uns, sondern probiere es selbst! Es klingt vollkommen unlogisch, aber so funktioniert es. Gibst du dir selbst mehr, gibst du auch anderen mehr. Die Quelle ist unerschöpflich.

Falls du zum Beispiel unser erstes Buch, »Schutzengel begleiten dich«, gelesen hast, bist du vielleicht deiner inneren Quelle begegnet. Sie wird niemals leer. Je mehr du sie gebrauchst, desto mehr wird sie dir geben und desto stärker wird sie. Das Gleiche gilt für den Kontakt mit den Engeln. Das ist wie eine Freundschaft, die sich entwickelt und tiefer wird, je mehr Zeit man miteinander verbringt. Möglicherweise musst du dich am Anfang etwas konzentrieren, um diese Verbindung zu erleben, aber allmählich wird sie ein natürlicher Teil deines Alltags sein. Du kannst dich dauerhaft in diesem Kontaktfluss befinden. Du wirst immer wissen, dass die Engel bei dir sind, und konstant aus ihrer Weisheit und Liebe schöpfen können, sodass es dir selbst und anderen zugutekommt. Dieser Kontakt nimmt stets zu und wird stärker, je mehr du dich seiner bedienst. Das ist wichtig zu wissen, wenn es um die Natur der Engel geht.

Die Engel sind reine Energie. Das heißt, sie sind weder abhängig von Zeit noch von Raum. Sie können an zwei oder mehreren Orten gleichzeitig sein. Das bedeutet, du und andere können jeweils für sich, aber dennoch zeitgleich Verbindung mit ein und demselben Engel haben. Du besetzt also nicht die Zeit oder das Bewusstsein des Engels, während du mit ihm kommunizierst. Einige, die Zugang zum Kontakt mit Engeln haben, geben ihn auf, weil sie glauben, es sei wichtiger, dass andere Menschen anstatt ihrer selbst diesen Kontakt haben, denn sie brauchten ihn sicher dringender. Jetzt weißt du, dass die Engel mit allen, die sie benötigen, gleichzeitig in Verbindung stehen können, und du kannst sicher deinen individuellen Kontakt haben, ohne dabei anderen die Aufmerksamkeit oder den Platz wegzunehmen. Denn einzig und allein *du* kannst deinen individuellen Kontakt mit ihnen haben. Daher ist es auch wichtig, dass gerade du diesen Kontakt wieder aufnimmst.

Die Engel sind reines Licht, unabhängig von Zeit und Raum und kommen daher auch zu ungeahnten Schlussfolgerungen. Sie können Antworten geben, die du für vollkommen undenkbar gehalten hast – und das tun sie oft. Während wir von einem Aspekt zum anderen einem logischen Weg folgen, sehen sie ganz andere Möglichkeiten. Vergiss den Versuch, die Engel in ein vorgefertigtes Bild zu pressen! Da wir aus demselben energetischen Aspekt bestehen, sind sich unsere Natur und jene der Engel im Grunde genommen sehr ähnlich. Aber dort, wo wir zum Großteil in der Überzeugung leben, wenn wir A tun, passiere B, werden dir die Engel zeigen, dass auf A ebenso gut C oder K folgen kann. Das bedeutet: Alle Richtungen im Leben sind offen. In der Kommunikation mit den Engeln gilt nicht mehr die Linie, sondern ein breites Spektrum dessen, was du vielleicht als unmögliche Möglichkeiten angesehen hast.

ERSTES GEHEIMNIS:

Die Engel bestehen aus reiner Energie,
und dieser Energieteil agiert nicht logisch.

Erzengel Gabriel sagt: Genau wie bei einem Kind, das im Bauch der Mutter heranwächst, ist es eine Flut möglicher genetischer Verbindungen, aus denen letztendlich du entstehst. Und wenn du erschaffen bist, hast du unendlich viele Möglichkeiten, dein Leben nach deinen Wünschen zu gestalten und verschiedene Erlebnisse so auszuleben, wie es dir gefällt. Du musst auch den physischen Gesetzen folgen. Wir, die wir nur im energetischen Aspekt existieren, erinnern dich an die unendlich vielen Möglichkeiten, dich in das Unbegrenzte zu versetzen. Dort wo der Körper von der Haut begrenzt ist, ist der Energieteil in dir - oder die Seele - frei, sich dahin zu begeben, wohin er möchte, unabhängig von Zeit und Raum. Während dein Körper auf eine Grenze trifft, indem er erschöpft oder müde wird, ist deine Seele frei und immer bereit zu expandieren. In deiner Begrenzung hast du somit immer die Möglichkeit zur Größe. Wir sind hier, um dich daran zu erinnern, dass alles möglich ist; dass du die Möglichkeit hast, alle Wege zu gehen. Es gilt nur, dich deiner Größe zu besinnen und sie auszuleben.

ERSTES ENGELPRINZIP:

Sei in der Begegnung
mit Engeln immer auf
das Unlogische vorbe-
reitet und erwarte das
Unerwartete.

ZWEITES GEHEIMNIS

Da die Engel aus reiner Gotteskraft, aus vorbehaltloser Liebe oder reinem Licht – oder wie auch immer du es nennst – erschaffen sind, sind sie schöpferische Wesen. Die Engel sind niemals statisch. Ihre Struktur ist konstant – wie die Form und die Farben des Regenbogens –, aber das Sonnenlicht und der Regen, die den Regenbogen erschaffen, sind stets neu. Obwohl die Engel ihre feste Struktur haben, sind sie stets neu, wie ein Regenbogen, der an einem verregneten Tag am Himmel erscheint.

Was bedeutet das? Es bedeutet, dass die Inspiration, die von ihnen kommt, immer neu ist. Sie ist stets frisch und hier und jetzt erschaffen. Das Geheimnis über Vergangenheit und Zukunft liegt im Augenblick. Befindest du dich zu einhundert Prozent im Jetzt, liegen dir die Zukunft und die Vergangenheit zu Füßen. Wir Menschen hetzen oft vom einen zum anderen. Wir verweilen in der Vergangenheit: »Ach, was ich bei diesem Treffen gesagt habe, war so dumm«, oder: »Vielleicht denkt mein Freund schlecht über mich wegen meiner Äußerung von gestern?« In unseren Köpfen schwirren die Gedanken umher, wie wir dies und das hätten besser machen sollen. Überdies hängen wir in den Traumata unseres bisherigen Lebens fest. Gefühle, die wir nicht verarbeitet haben, sitzen wie aufgereihte Knoten entlang unserer Lebenslinie. Wir glauben, wir bewältigen sie, indem wir sie nicht lösen, nicht erkennen oder nicht beachten. In Wirklichkeit binden diese Knoten Kapazität; sie halten Teile deiner Qualitäten fest in einem Griff, den nur du lösen kannst. Das sind wichtige Aspekte von dir; du entscheidest – denn es ist eine Entscheidung –, sie im weiteren Leben nicht mitzunehmen. Das heißt, im Laufe deines Lebens lässt du Aspekte von dir zurück. Und das führt dazu, dass du für den Zeitpunkt, für den du am besten gerüstet sein solltest, nämlich das Hier und Jetzt, die wenigste Kraft hast, denn du hast sie in verschiedenen Lebenssituationen festgebunden.

Das gilt auch für die Zukunft. Wir träumen uns selbst in die Zukunft hinein, haben Pläne, Begegnungen und so viel Ideen, was dort passiert. Wenn wir nur erst dorthin kommen, dann wird alles besser. Auf diese Weise senden wir Energie in die vor uns liegende Zeit. Wir binden unsere Energie an das in der Zukunft Liegende und vergessen, dass wir uns eigentlich in der Gegenwart befinden. Fixieren wir unsere Energie in dieser Weise, ist es schwer, die Kraft des Augenblicks zu erkennen. Wir sind es so gewohnt, zu fliehen, dass wir leicht vergessen können, das Magische zu sehen, das tatsächlich passiert, wenn wir es schaffen, im Augenblick anwesend zu sein.

Löst du alle Knoten entlang deiner Lebenslinie auf und verlagerst deine Energie auf das Heute, schaffst du dir die Möglichkeit, deine Lage aus dem Blickwinkel dessen zu sehen, der du heute bist, mit den Ressourcen, die du heute hast. Auf diese Weise kannst du loslassen und die Situation mit neuen Augen auf eine – hoffentlich – erwachsene Weise betrachten. Und hier tritt ein kleines Geheimnis hinzu: Die betreffende (längst) vergangene Situation hast du bereits überlebt. Und woran du nicht stirbst, kann deinem Wachstum dienen. Also lass los, was war und was kommt, und trau dich, das Leben aus der Perspektive der Gegenwart zu leben. Genau jetzt lebst du nämlich. Rein physisch betrachtet, ist das Hier und Jetzt der einzige Ort, an dem wir unserem Körper begegnen können. Wir können von dem träumen, was kommt, oder uns an das zurückerinnern, was war, während der Körper ausschließlich im Augenblick existiert. Er bewegt sich physisch nicht in die Zukunft oder zurück in die Ferien des vergangenen Jahres, egal wie viel wir an das Künftige oder an das Vergangene denken. Er ist immer im Hier und Jetzt. Die ganze physische Welt ist im Hier und Jetzt. Überleg nur, welch fantastisches Geschenk das ist! Der Schlüssel liegt in der Anwesenheit des Körpers. Er weist uns den Weg zu unserer inneren Größe.

»Warum müssen wir uns im Körper befinden? Er ist doch nur eine Last mit Schmerzen, Begrenzungen und Mängeln?«, fragst du dich vielleicht. Das ist selbstverständlich eine berechtigte Frage. Aber es ist nun einmal so, dass du einen Körper hast. Du bist nicht nur Seele, die irgendwo umherschwebt; du hast dich dazu entschieden, eine Zeit lang in einem Körper hier auf der Erde zu sein. Warum ihn also nicht in seinem vollen Potenzial nutzen? Unserer Ansicht nach ist unser Körper das beste, einzigartige Instrument, das wir nutzen können, um zu leben. Ohne den Körper gibt es kein physisches Leben. Wir haben ihm viel zu danken.

Oft sehen wir bei unseren Schülern, dass sie ihren Körper verurteilen und ihren spirituellen Teil auf einen Sockel stellen. Es gibt viele suchende Menschen, die – bewusst oder unbewusst – den Körper unterschätzen oder glauben, er sei nicht genauso wichtig wie der geistige Aspekt. Damit lassen sie sich eine der vielleicht größten Lektionen der Menschheit entgehen, nämlich das Erlebnis, Mensch zu sein. Denn erst wenn wir uns mit dem Körper und unseren Gefühlen verbunden fühlen, können wir die Herausforderungen des Lebens meistern, erst dann können wir Freude, Sorge, Leidenschaft, Wut, Angst, Liebe, ja alles, was uns in guten wie in schlechten Zeiten zu Menschen macht, erleben. Durch die Anwesenheit im Körper können wir als bewusste Menschen im Kontakt mit dem in uns wohnenden und uns umgebenden Licht stehen. Und das ist vielleicht die wichtigste Lehre, die wir hier auf Erden erfahren sollen, meinst du nicht?

Eines der Rätsel des Menschseins ist es, im Körper anwesend zu sein und dennoch den spirituellen Kontakt zu haben – also sowohl den physischen als auch den energetischen Teil in uns in gleichem Maße zu würdigen und beiden die Möglichkeit zum Zusammenwirken zu schenken. Du wirst keine Enttäuschung erfahren, wenn du beginnst, den Körper ernst zu nehmen. Du kannst mit ihm kommunizieren, allmählich eine Einheit mit ihm bilden und wirst schnell sehen, dass er sich verändert. Der Körper ist dein bester Freund. Er wird immer versuchen, dich zu schützen und dir zu helfen, selbst wenn das bedeutet, dass er komplett den Kontakt mit dir verliert. Sobald wir beginnen, auf den Körper zu hören, antwortet er. Das kann auf vielerlei Arten erfolgen, auch indem er dir alle Wunden aufzeigt, die du in den letzten Jahren übersehen hast. Wurde der Körper über einen langen Zeitraum missachtet und nur als ein Gebrauchsgegenstand betrachtet, wird er anfangen, sich bemerkbar zu machen. Das können zuerst kleine Hinweise sein – wie Müdigkeit oder eine Erkältung. Machen wir trotzdem im gleichen Tempo weiter, geht er etwas härter zu Werke, vielleicht mit leichten Rückenschmerzen oder Magenbeschwerden. Wir nehmen schmerzstillende Mittel und machen weiter. Der Körper wird krank und möchte sich ausruhen, aber mit Antibiotika und anderen Medikamenten regeln wir auch das. Zum Schluss hat der Körper keine andere Wahl, als komplett zurückzufahren – er wird sehr krank. So krank, dass du nichts mehr tun kannst. Du triffst auf die Grenze.

Der Körper ist so gestaltet, dass er fliehen und über kürzere Zeiträume Maximales leisten kann, um zu überleben. Aber wir Menschen werden dahingehend trainiert, lebenslang Maximales zu leisten. In einem hektischen Alltag schaffen wir es nie, durchzuatmen. Im ruhelosen Eifer, die Kinder zu den verschiedensten Aktivitäten zu fahren, zu arbeiten, erforderlichenfalls zu helfen, ein prima Freund oder ein guter Ehepartner zu sein …, kommst du an letzter Stelle. Es gibt keinen Raum, nachzuspüren, wo du dich befindest. Wenn du dich endlich hinsetzt und nachspürst, sagt dir der Körper noch rechtzeitig, wie erschöpft er in Wirklichkeit ist – was du für gewöhnlich beiseiteschiebst, weil es da draußen Wichtigeres gibt, das nach dir verlangt, nicht wahr? In unserem geschäftigen Alltag agieren wir hier und da und vergessen, dass wir ohne einen gesunden Körper sowieso nicht all das tun können, was wir wollen. Warum nicht damit anfangen zuzuhören, bevor es zu spät ist?

Vielleicht hast du deinen Körper das ganze Leben lang wie einen Container benutzt, in dem du deinen eigenen und nicht zuletzt den Abfall anderer gesammelt hast. Indem du damit beginnst, den Abfall den Personen zurückzugeben, denen er gehört – und damit meinen wir: loszulassen, was nicht dir gehört –, erweist du deinem Körper einen großen Dienst. Der Körper kann nämlich das Energieniveau anheben, um zu deinem energetischen Anteil zu passen, aber dafür musst du ihn befreien, das heißt ihm die Erlaubnis erteilen, all das loszulassen, was er bis jetzt mit sich herumgetragen hat. Dann kann er zu seiner eigentlichen Aufgabe zurückkehren, die es eben ist, im Hier und Jetzt zu leben. Denn bist du zu einhundert Prozent im Augenblick anwesend, liegen dir die Zukunft sowie die Vergangenheit zu Füßen. Indem du all deine Kraft im Augenblick sammelst und dich nur im Hier und Jetzt, zu Hause in deinem Körper, befindest, öffnest du dich unweigerlich der unendlichen Perspektive. Das bedeutet, du kommst in ein Sein, das weder an Zeit noch an einen Ort gebunden ist. Plötzlich wirst du erkennen, dass du die Zukunft nicht in der Zukunft, sondern genau jetzt erschaffst. Du wirst auch entdecken, dass du in deinen Erinnerungen vorwärts und zurück gehen kannst, ohne in irgendwelchen Traumata oder in der Opferrolle festzusitzen.

Wer sehr im Augenblick lebt, gilt landläufig oft als naiv, mangelhaft vorbereitet oder überblickslos. Aber im Hier und Jetzt zu sein, bedeutet nicht, dass du niemals in die Zukunft planst. Unsere Kalender sind gefüllt mit Terminen für ein Jahr im Voraus. Dennoch, wenn ein Termin vereinbart ist, verwenden wir nicht mehr Energie auf ihn als nötig. Das heißt, müssen wir vor dem Termin einige Fragen beantworten oder etwas vorbereiten, tun wir dies selbstverständlich. Wir bereiten uns ja auch auf einen Vortrag vor. Aber wir machen uns keine Sorgen, wie es wird, bevor es eintrifft, denn dann würden wir uns das Erlebnis selbst entgehen lassen.

Viele unserer Bekannten lieben es geradezu, sich zu sorgen. Sie sind der Meinung, würden sie sich keine Sorgen machen, müssten sie nicht nur die Freude über die Sorgen selbst, sondern auch die Genugtuung über das Ausbleiben des Befürchteten aufgeben. Daher machen sie sich weiterhin Sorgen. Und deshalb führen sie Teile ihres Lebens in der Zukunft, ohne das Hier und Jetzt voll und ganz zu erleben. Bist du aber vollkommen im Hier und Jetzt, bleibst du auch zu einhundert Prozent anwesend, wenn du zum Beispiel einen Termin hast oder Zeit mit deinem Partner verbringst oder die Kinder von einer Freizeitaktivität abholst. Du kannst ganz einfach dein Leben erleben.

Das Magische am Dasein im Hier und Jetzt ist nicht nur, dass du mit deiner ganzen Kraft im Augenblick und in deinem eigenen Leben anwesend bist, sondern du öffnest dich auch gegenüber einer dritten Ebene: der göttlichen, die im Herzen liegt. Es ist dieses Feld, in dem die Engel existieren. Die Engel sind die Verbindungslinie zur Größe in uns selbst. Sie sind da, um uns an unseren eigentlichen, unfassbar großen Wert zu erinnern und um uns zu zeigen, dass die Anwesenheit im Augenblick ein gemeinsamer Treffpunkt ist, an dem sie uns immer begegnen werden. Die Engel können an keinem anderen Ort sein, denn sie können nur *sein*. Und im Sein gibt es nichts anderes als den aktuellen Augenblick.

Engel erinnern dich an deine wahre Größe

ZWEITES GEHEIMNIS:

Engel befinden sich stets im Augenblick.

Erzengel Metatron sagt: Indem ich im Augenblick bin, herrsche ich über die Vergangenheit und die Zukunft. Der Augenblick ist gleich, egal in welchem Universum oder in welcher Zeit du dich befindest. Dennoch kann die Zeit verschieden sein. Schau dir nur euch auf Erden an: Alle leben auf einem Planeten, simultan in der Zeit. Nur die Uhrzeit und der Tag sind verschieden. Passiert auf der Erde eine Katastrophe, wird die Welt durch die Medien zur gleichen Zeit darüber informiert, obwohl sich diese für einige als Nacht und für andere als Tag äußert. Alle Zeitlinien werden im Nullpunkt der Gegenwart vereint und daher kann man von dieser Stelle aus in unterschiedliche Universen und Zeiten eintreten. Dadurch habe ich Zugang zu den unendlichen Reisen aller im Universum. Und aus diesem Grund könnt ihr uns in dieser Eingangspforte voll und ganz begegnen.

Erzengel Ariel sagt: Die Engel sind auf der Erde, um die Menschen an ihre eigene Größe zu erinnern. Alles was wir sind, tragt auch ihr in euch. Wenn ihr aber einen Körper bekommt, verliert ihr die Einsicht in das Universum. Hier kommen wir ins Spiel, um euch zu helfen. Wir sind hier als Stütze, um jeden Einzelnen daran zu erinnern, wer er in Wirklichkeit ist. Wir sind hier für jeden Einzelnen von euch. Aber ohne dass du selbst es willst, können wir deinen Körper und deine Seele nicht miteinander vereinen, sodass sie im gleichen Takt pulsieren und auf der Erde im göttlichen Reigen tanzen. Alles ist JETZT.

ZWEITES ENGELPRINZIP:

Sei in der Begegnung
mit Engeln im Hier
und Jetzt präsent.

DRITTES GEHEIMNIS

Wir haben erwähnt, dass die Engel aus reiner Gotteskraft bestehen. Auch wenn wir mit ihnen kommunizieren können, handeln die Engel nach anderen Gesetzen als den physischen. Gotteskraft ist Energie. Gerade weil die Engel Energie sind, können wir sie mit all unseren Sinnen erleben. Sie können sich als ein- oder mehrfarbige Lichtschimmer zeigen, die kommen und gehen. Sie können als ein konstantes Licht oder als ein Schatten, ein Umriss, erlebt werden. Sie sind zuweilen als eine kalte oder warme Brise auf der Haut zu spüren, als Kälte oder Wärme, die sich im Körper ausbreiten, oder als ein Zittern. Wenn sie sich zu erkennen geben wollen, können sie dir einen Stoß an der Schulter versetzen, dir in den Rücken knuffen, dich am Kinn berühren oder nach etwas Speziellem riechen. Manchmal sind sie als ein Ton oder mehrere Töne zu hören oder sie können sprechen. Eventuell macht sich in deinem Mund ein bestimmter Geschmack bemerkbar, wenn sie dir etwas Bestimmtes mitteilen möchten. Zudem können wir sie durch das erleben, was wir als unsere »doppelten Sinne« bezeichnen – Sinne, die wir bekommen haben, um uns in unserem energetischen Anteil zu orientieren. So wie wir Sinne haben, um uns in der physischen Welt zu orientieren, haben wir Sinne, um die energetische Welt erfahren zu können. Wir werden dir zeigen, wie dieser Teil funktioniert:

Leg dich bequem hin. Schließ deine Augen und entspann dich.

Denk an die Zeit zurück, als du das letzte Mal an einem Strand gesessen hast.

Erlebe erneut, wie es ist, übers Meer zu schauen. Schimmert da draußen auf dem Wasser vielleicht die Sonne? Sind die Wellen groß oder klein?

Wie fühlt sich der Sand unter deinen Fußsohlen an? Ist er warm oder kalt?

Wie riecht es dort am Strand, wo du sitzt? Riecht es nach Tang und Seegras oder nach etwas anderem?

Welche Geräusche vernimmst du? Hörst du vielleicht Vogelgeschrei oder ein vorbeituckerndes Boot?

Steh auf und geh ins Wasser. Spür das Wasser an den Beinen und beginne zu schwimmen. Vielleicht bekommst du ein bisschen Wasser in den Mund? Wie schmeckt es?

Wenn du jetzt wieder festen Boden unter die Füße bekommst, bleib stehen und schau übers Meer. Weit draußen siehst du ein Schiff. Zeig mit dem Finger in Richtung des Schiffes. Ja, wir meinen es so, zeig dorthin, wo sich das Schiff befindet.

Öffne die Augen und komm ins Hier und Jetzt zurück.

Herzlichen Glückwunsch! Jetzt hast du deine doppelten Sinne erfahren. Mehr Hokuspokus als das ist es nicht. Und alle können das tun. Stimmst du dem zu?

Bei der Übung hast du nach oben in die Luft gezeigt. Dein Körper war an diesem Strand nicht physisch anwesend. Trotzdem waren deine Erlebnisse so stark, dass du die Hand hobst und auf das Schiff da draußen zeigtest. Das zeigt uns, dass diese Sinne die energetische Welt dreidimensional auffassen, so wie wir die physische Wirklichkeit erfahren. Sie agieren also in der gleichen Weise. Wenn du den Strand erlebst und dich um 360 Grad drehen kannst, befindest du dich in der Situation, so wie wir die physische Wirklichkeit erleben.

Du hast dich jetzt in Zeit und Raum bewegt und mit diesem Sinnesapparat kannst du die Energiewelt einnehmen. Mit diesem Sinnesapparat findet man die Brücke zu den Engeln. Aus dieser Landschaft kommen alle großen Ideen der Welt. Erst kamen sie als eine göttliche Inspiration – eine Idee – und später wurden sie materialisiert. Die Kreativen transformieren die göttliche Inspiration in Realität, verschaffen ihr also Erdung, damit die Idee in die Welt hineingetragen werden kann.

Bei Kindern ist der Zugang zur energetischen Landschaft offener als bei uns Erwachsenen. Kinder haben außerdem einen stärkeren Kontakt zu Engeln und zur unsichtbaren Wirklichkeit. Das hat eine natürliche Ursache: Wenn man ein weniger abgeklärtes Verhältnis zu den doppelten Sinnen hat, erleichtert das den Zugang. Auch das ist eine Wirklichkeit. Es gibt nicht nur die physische Wirklichkeit. Wie wir aber bereits mehrfach erwähnt haben, existieren die Engel auch nicht nur in der physischen Wirklichkeit. Sie gehen alle Wege.

DRITTES GEHEIMNIS:

Wir können die Engel mit unserem Sinnesapparat erleben – sowohl mit unseren doppelten Sinnen als auch mit unseren physischen
Sinnen.

*Erzengel Raziel sagt: Es gibt viele Welten, die zu jeder
Zeit parallel existieren. Weil wir nur aus Schwingungen
bestehen, können wir unbegrenzt von einer Frequenz zur
anderen gehen. Dein Sinnesapparat kann uns entdecken.
Vertraue darauf. Trau dich, in der Begegnung mit uns wie
ein Kind zu sein, das zum ersten Mal eine Blume entdeckt.
Das Kind fragt nicht: Ist diese Blume wirklich weiß oder
bilde ich mir das ein? Duftet diese Blume wirklich süß
oder bilde ich mir das ein? Nein, das Kind vertraut auf
seine Sinne und sagt: Schau, diese Blume ist weiß und
duftet süß. Das Kind wird seine Nase in der Blume ver-
senken, und der Körper wird sich an den Geruch erinnern.
Mach in der Begegnung mit uns das Gleiche. Vertraue
mit Akzeptanz und Freude den Erlebnissen, die wir dir
geben.*

DRITTES ENGELPRINZIP:

Vertraue in der
Begegnung mit
Engeln auf das,
was du erlebst,
ungeachtet dessen,
was es sein mag.

VIERTES GEHEIMNIS

Wir Menschen verbinden mit dem Begriff »Liebeskraft« tendenziell etwas Rosenrotes und Sanftes. Folglich stecken wir die Engel in die gleiche Schublade, weil sie eben aus dieser Liebeskraft bestehen. Viele Menschen sehen in der Begegnung mit Engeln nur das Süße und Feine. Das ist schön und gut, aber sie lassen sich das Kraftvolle entgehen. Jeder Engel trägt in sich eine enorme göttliche Kraft. Daher ist es ihnen unmöglich, einzugrenzen, was sie meinen oder wer sie sind. In der Begegnung mit uns verstecken sie sich niemals. Ist die Kraft zu stark, müssen wir oftmals Wege finden, um die Begegnung zu umgehen, damit sie nicht zu überwältigend oder erschreckend wird.

MÄRTHA: Ich erinnere mich noch an meine erste Begegnung mit Metatron, dem Erzengel, der die Übersicht über alle Zeiten und Ereignisse hat. Anfänglich fühlte ich mich innerlich klein, wenn ich nur daran dachte, einem Engel zu begegnen, der einen derartigen Zugang zu allem hat, was war, ist und sein wird. Der Gedanke überwältigte mich, und mein Puls stieg an. Als es zur Begegnung kam, sah ich eine Gestalt, die Zorro ähnelte; sie trug einen Hut mit Federn, eine Maske, einen schwarzen Mantel und war im Verhältnis zu mir sehr, sehr groß. Sie sprach zu mir mit donnernder Stimme. Ich erinnere mich, dass ich immer kleiner wurde, als ich ihr dort begegnete. Ich habe nichts von dem mitbekommen, was sie sagte, weil die Stimme so dröhnte, dass ich am liebsten gehen und mich verstecken wollte. Also kehrte ich schnellstmöglich aus der Meditation zurück.

In solchen Fällen ist es wichtig, sich zu vergegenwärtigen, dass nicht die Engel selbst bedrohlich oder gefährlich sind. Es sind wir, die wir es aus dem einen oder anderen Grund nicht wagen, ihrer Kraft in uns zu begegnen, und die wir uns scheuen und uns von der ganzen Begegnung zurückziehen. In diesem Fall ist es wichtig, zunehmend neugierig darauf zu sein, was diesem Kontakt hinderlich im Weg stehen kann: Was in dir führt dazu, dass du dich nicht traust, diesem Engel zu einhundert Prozent zu begegnen? In einer solchen Situation gibt es für den Rückzug selbstverständlich viele mögliche Ursachen: sei es Furcht, sei es die Angst, was diese Begegnung für dich bedeuten wird, oder die vermeintliche Gefahr, eine solche Kraft auszuleben; sei es Angst vor deiner eigenen Größe oder frühere Erfahrungen, dass das Sehen mit den doppelten Sinnen fatale Folgen hatte:

Als Ada fünf Jahre alt war und ihre Tante zu Besuch war, hatte sie Kontakt mit ihrer Klarsicht. Als sich die Tante schließlich verabschieden wollte, sagte Ada, sie solle nicht gehen, denn dann würde sie nicht zurückkommen. Sie weinte, flehte und bettelte, aber die Tante hatte einen Termin, den sie einhalten musste, und reiste ab. Auf dem Weg wurde die Tante in einen Verkehrsunfall verwickelt und kam ums Leben. Seither ist es für Ada schwer, sich zu öffnen, ihre Klarsicht zu nutzen, denn immer wenn sie es versucht, kehrt die Erinnerung an dieses Ereignis zu ihr zurück. Das Trauma verschließt dieses fantastische Werkzeug, über das sie in Wirklichkeit verfügt.

Es müssen selbstverständlich nicht die tiefgreifenden und schmerzhaften Traumata sein, die dazu führen, dass du den direkten Kontakt mit den Engeln nicht erreichst. Es kann auch nur ein Kommentar dahingehend sein, dass du nicht so viel fantasieren sollst. Niemand mag es, lächerlich gemacht zu werden, und als Kind versuchen wir alles in unserer Macht Stehende, um geliebt zu werden und in das Bild hineinzupassen, das von uns erwartet wird. Oft mit dem Ergebnis, dass wir uns dem Kontakt mit der Natur, den Engeln und uns selbst verschließen.

Was hat dazu geführt, dass du dich verschließt?

Unser Ego vermittelt uns auch gern, wir seien solch einen Kontakt nicht wert: Wer bist du denn, dass du glauben kannst, Zugang zu dieser Kraft zu besitzen; wie kannst du annehmen, dass sich die Engel dir kleinem Wesen zeigen wollen?

Vielleicht bist du der Ansicht, dir gehe es zu gut und diese Art von Kontakt sei nur für jene da, denen es elend geht und die wirklich Engel brauchen; du kommst doch ganz gut klar, oder nicht? Oder du meinst, es gibt ja immer jemanden, dem es schlechter geht als dir, und du glaubst vielleicht, wenn du dich ausbreitest und Platz beanspruchst, nimmst du dadurch jemandem den Platz weg, der ihn dringender benötigt. Das Ego ist ein Meister darin, uns glauben zu machen, wir seien nicht kraftvoll, nicht wertvoll und verfügten nicht über alle Möglichkeiten der Welt für solche Begegnungen. Als Märtha sich durch ihre eigene Angst hindurcharbeitete, um Zugang zur Vergangenheit und Zukunft zu erhalten, und sah, was das für sie bedeuten würde, konnte sie Metatron auf eine neue Weise begegnen.

MÄRTHA: Metatron zeigte sich als ein freundlicher Mann mit sich ständig variierendem Alter – manchmal als junger Mann, andere Male als alter Mann mit Bart. Oder verkörperte er alle Alter gleichzeitig? Er erzählte mir:

Die Zeit ist nicht linear, sie ist rund. Vom Zentrum der Zeit, also dem Augenblick, kann man in alle Richtungen gehen. Obwohl eure Uhren diese Form mit einem Mittelpunkt und zwei sich im Kreis drehenden Zeigern haben, fasst ihr die Zeit als linear auf: dass sie kommt und geht. Selbst die Erde dreht sich um die eigene Achse im Kreis, um mit Sonne und Mond Tag und Nacht zu schaffen, und ein Jahr besteht aus einem vollendeten Kreis um die Sonne herum. Dennoch haltet ihr mit aller Macht an eurer Auffassung von Zeit fest. Es ist, als würdet ihr immer noch in dem Glauben leben, die Erde sei in zeitlicher Hinsicht flach. In Wirklichkeit geht die Zeit vom Mittelpunkt, dem Augenblick, aus und dreht sich um diesen herum in Vergangenheit und Zukunft. Das heißt, bist du voll und ganz im Augenblick anwesend, dann bist du losgerissen von Vergangenheit und Zukunft. Ein Leben ist ein Kreis aus Zeit. Wenn du geboren wirst, kommst du aus dem Licht, der Ewigkeit. Wenn du stirbst, kehrst du dorthin zurück. Ausgangspunkt und Ende sind gleich, und darin schließt sich der Kreis.

Als die Angst ihren Griff lockerte, bekam Märtha also Zugang zu Metatrons Botschaft. Wenn du dich öffnest, um den Engeln voll und ganz zu begegnen, dann ist ein derartigen Kontakt auch möglich. Die Botschaft der Engel für dich lautet sicher ganz anders, ist aber dennoch wahr. Denn es ist *deine* Information und somit genauso wichtig. Gleichzeitig wirst du deine eigene Kraft in dem Feld finden, in dem dir der bestimmte Engel mit seinen Qualitäten begegnet. Auf diese Weise halten sie uns den Spiegel vor und geben uns die Möglichkeit, zu wachsen und uns in all unseren verschiedenen Gebieten des Lebens zu entwickeln.

Ist der Kontakt hergestellt, zögern die Engel nicht, dir mitzuteilen, woran du arbeiten musst. Sie machen Unbewusstes sichtbar, das im Leben ein Hindernis für dich darstellt.

Anne hatte eine schöne Begegnung mit ihrem Schutzengel. Er hatte sich mehrfach klar und deutlich gezeigt, als er plötzlich Pfeile zu den Menschen um sie herum zu senden anfing. Unaufhörlich sandte er Pfeile in alle Richtungen aus – was sie ziemlich irritierte. Sollte der Schutzengel nicht milde, gut, schön und lieb sein? Sie begann zu zweifeln, dass sie tatsächlich ihrem Schutzengel begegnet war. Nach und nach verstand sie allerdings, dass der Schutzengel ihr etwas über sie selbst mitzuteilen versuchte, nämlich dass sie es war, die unbemerkt verletzende Äußerungen gegenüber vielen Menschen um sie herum machte. Da änderte sich das Bild und sie konnte sowohl den Menschen um sich herum als auch ihrem Schutzengel in einer neuen und von Liebe erfüllten Weise begegnen.

In der Begegnung mit Engeln und ihrer enormen Kraft sind es nur wir Menschen, die ein Ego haben. Die Engel sind reine Liebesenergie, reine Gotteskraft und haben folglich kein Ego. Daher blicken sie uns nicht aus einer urteilenden Perspektive an, in der sie sich selbst oder uns etwa als mehr oder weniger wert als den anderen betrachten. Sie können uns ausschließlich von unserem höchsten Potenzial aus sehen und werden uns immer mit Liebe begegnen. Diese Wahrheit zu akzeptieren, mag schwer sein, denn wir sind es gewohnt, von der Umgebung aufgestellte, spezielle Erwartungen zu erfüllen, um Liebe, Respekt und Aufmerksamkeit zu verdienen. Diese Lichtgestalten betrachten uns dagegen mit göttlicher Liebe, ungeachtet dessen, wer wir sind und was wir getan haben. Das heißt, sie haben immer Verständnis und akzeptieren die Entscheidungen, die wir in unserem Leben treffen. Sie akzeptieren uns einfach so, wie wir sind, mit all unseren Fehlern, Schwächen, falschen Entscheidungen, Qualitäten, Fertigkeiten, Möglichkeiten und Potenzialen. All das wird von den Engeln vollkommen akzeptiert. Volle Akzeptanz dessen, der du in diesem Moment bist.

VIERTES GEHEIMNIS:

Falls du das Gefühl hast, die Engel verurteilen dich für etwas, ist es dein eigenes Ego, das du siehst.

In Wirklichkeit bist du es selbst, der dich verurteilt. Die Engel werden dir ausschließlich in grenzenloser Liebe begegnen und dir neue Möglichkeiten aufzeigen, damit du wachsen kannst.

Erzengel Michael sagt: Einige Menschen haben Angst vor mir, weil ich ein Lichtschwert in der Hand halte. Sie haben Angst, wofür ich es verwenden werde und welche Strafe ich ihnen erteile. In Wirklichkeit haben die Menschen Angst vor ihrem eigenen Lichtschwert – vor der Möglichkeit, sich selbst aus verschiedenen Situationen und gefühlsmäßigen Bindungen zu befreien. Mein Schwert wird niemals jemanden bestrafen. Mein Schwert befreit. Wage es, dich sämtlichen Möglichkeiten zu öffnen, anstatt dich aus Angst zu verschließen. Du kannst wählen, frei zu sein, und ich kann dir dabei helfen.

VIERTES ENGELPRINZIP:

Trau dich, jedem einzel-
nen Engel ausgehend
von deiner eigenen
Größe zu begegnen,
damit du sie so siehst,
wie sie sind, und eine
wahre Begegnung
mit ihnen erfährst.
Dann spürst du auch
deine eigene Kraft.

FÜNFTES GEHEIMNIS

Die Engel haben unterschiedliche Qualitäten. Einige vereinen Menschen in Liebe, andere finden Verlorenes oder Vermisstes; einige arbeiten mit Erlösung, andere damit, Vertrauen zu schaffen. Einige sind sanfter und nährender, andere kraftvoller und direkter. Das heißt, sie schwingen in unterschiedlichen Frequenzen, einige schneller und andere langsamer.

Das wird womöglich so gedeutet, als seien einige wichtiger und von Gott mehr geschätzt als andere. Doch nach unserer Ansicht kommen hier unsere Egostrukturen ins Spiel und stören das Gesamtbild. Unser Ego mag Struktur; es gefällt ihm, uns in einen gegebenen Rang zu setzen, sodass wir uns mehr oder weniger wichtig fühlen können. Das Ego liebt es, dass wir mehr wert sind, sodass es sich erheben und kostbar fühlen kann. Ja, selbst am Entgegengesetzten erbaut sich das Ego: Wenn wir das Gefühl haben, nichts hinzubekommen, und uns als wertlos empfinden, ergötzt sich das Ego und nährt sich daran. Es wird immer versuchen, uns aus dem Hier und Jetzt herauszuholen und uns in etwas anderes als das Gegenwärtige hineinzuziehen. Egal ob wir unseren Wert übertrieben aufblasen oder eine falsche Wertlosigkeit fühlen, anstatt unsere wirkliche Größe zu erkennen: Das Ego hat somit seine Arbeit getan und ist zufrieden. Daher werden wir nach Sicherheit Suchende, damit wir zu entdecken vermeiden, wie nutzlos klein wir sind, wie schlecht zu sein wir uns selbst einbilden oder was auch immer es sein mag, von dem uns das Ego überzeugen will. So kommt schleichend die Angst und wir beginnen, unser Leben in der Furcht zu leben, Fehler zu machen, anstatt in dem Vertrauen, dass auf uns aufgepasst wird. Daher schaffen wir uns sichere Nischen, in denen wir zu Hause sein und Gleichgesinnten mit den gleichen ökonomischen Rahmen,

Interessen und Zielen begegnen können. Bewegst du dich außerhalb der ungeschriebenen Regeln und Rahmen, denkst außerhalb der Grenzen oder unternimmst etwas, das sich die anderen in der Nische nicht zu tun trauen, wirst du für andere eine Bedrohung. Anstatt zu wagen, seine eigenen Wege zu gehen, ist es einfacher, andere zu verurteilen, damit innerhalb der gegebenen Nische Gleichgewicht und Ordnung wiederhergestellt werden. Schau dir nur das Klassensystem an, das wir Menschen um uns herum erschaffen, in dem Personen mit Macht und Geld als wichtiger angesehen werden, während jene, denen es an Einfluss und Mitteln mangelt, als minderwertig gelten. Weil viele die Welt hierarchisch betrachten und dies als wichtig erleben, übertragen wir diese Einteilung auch auf die Engel, wenn sie uns ihre unterschiedlichen Qualitäten zeigen. Wir beurteilen die eine Qualität im Vergleich zur anderen und die eine Schwingungsfrequenz im Vergleich zur anderen, und so beginnen wir, hierarchische Strukturen zu erschaffen, die unsere eigenen menschlichen Begrenzungen zufriedenstellen. Aber die Engel sind nicht an unsere physische Welt gebunden. Daher teilen sie einander auch nicht in dieser Weise ein. Sie betrachten niemanden als mehr oder weniger wert, sondern als Teil eines Ganzen, in dem alle Qualitäten gleich wichtig sind.

Jetzt fühlt sich vielleicht jemand provoziert, denn wie können alle Engel gleich viel wert sein, wenn sie laut den alten Schriften einer hierarchischen Einteilung unterliegen? Jeder Mensch beansprucht seinen Teil der Wahrheit. Stell dir vor, du stehst in einem Kreis und schaust zusammen mit vielen anderen auf einen Ball; dieser Ball soll die Wahrheit symbolisieren: Jeder von euch wird einen etwas anderen Winkel sehen als die Personen neben euch. Teile der Wahrheit werden genau so sein, wie sie die Personen neben dir sehen, während ein Teil etwas anders sein wird. Denn nur du allein hast genau deinen Blickwinkel auf den Ball. Es kann sogar passieren, dass du ein Muster entdeckst, während die Personen, die die andere Seite des Balls betrachten, etwas vollkommen anderes sehen. Dennoch schaut ihr alle auf denselben Ball.

Selbst wenn der Kern der Wahrheit gleich ist, kommt er auf unterschiedliche Weisen zum Ausdruck. Scheinbar sieht es so aus, als würden wir über unterschiedliche Wahrheiten sprechen oder diese erleben, auch wenn die Wahrheit gleichbleibend ist. Wir haben nur unterschiedliche Blickwinkel und Auffassungen. Deshalb sieht es so aus, als hätte die Wahrheit viele Variablen, und es entsteht eine Flut von Wahrheiten, die aus der gleichen Quelle stammen können. Schau dich nur in der Gesellschaft um. Einige beharren hartnäckig auf dem einen Standpunkt, während andere einen anderen verfechten. Obwohl sie am gleichen Ort waren, haben sie eine Situation vollkommen unterschiedlich aufgefasst. Jede Person wird behaupten, sie kenne die Wahrheit. Und womöglich haben sie damit recht? Vielleicht gibt es keine endgültige Auffassung der Wahrheit, so wie wir es alle gern hätten, um etwas zum Festhalten zu haben, mit der Antwort doppelt unterstrichen. Vielleicht gibt es mehrere Varianten, dieselbe Wahrheit zu betrachten? Daher kann es so aussehen, als habe jeder Mensch – mit seinem Blickwinkel auf den Ball – auch sein Teilchen Wahrheit in dem Puzzle. Bevor nicht alle Menschen ihren Teil der Wahrheit sehen, wird der ganze Ball nicht gesehen, oder bevor das Puzzle nicht fertiggestellt ist, sieht man nicht das übergeordnete Bild. Daher ist kein Engel-Erlebnis besser als ein anderes. Die Begegnung eines jeden Menschen mit diesen Lichtgestalten ist einzigartig und gleich wertvoll. Du musst verstehen, es kann für einige Menschen der Wahrheit entsprechen, dass die Engel einem hierarchischen System unterliegen, während es für andere die Wahrheit ist, dass sie unterschiedliche Qualitäten haben und gleich viel wert sind, ohne hierarchischen Aufbau. Dennoch gut zu wissen ist, dass die Engel das übergeordnete Bild, die große Wahrheit, sehen. Daher können wir ihnen bei allem, was wir tun, voll und ganz vertrauen.

FÜNFTES GEHEIMNIS:

Mit ihren unterschiedlichen Qualitäten sind
alle Engel gleich viel wert.

*Erzengel Ariel sagt: Wir Engel haben unterschiedliche
Qualitäten. So wie Rot eine eigene Frequenz und eine andere Qualität als die übrigen Farben hat, ist es als Teil
des Farbspektrums ebenso vollwertig. So haben auch wir
unterschiedliche Qualitäten, Frequenzen und Farben, sind
aber dennoch Teil des gleichen Engelspektrums, wenn
du so willst. Wer kann sagen, die Farbe Violett sei wichtiger als die Farbe Rot, weil sie im Regenbogen näher an
Gott sei? Die Farben sind in sich selbst gleich wichtig, sie
glänzen nur, um uns an die unterschiedlichen Qualitäten
zu erinnern, die wir im Leben erreichen wollen. So ist das
auch mit uns. Wir sind alle Teil des Engelspektrums und
erscheinen mit unterschiedlichen Klängen und Farben,
stellen aber ein großes Ganzes dar, ohne dass der eine
wichtiger wäre als der andere.*

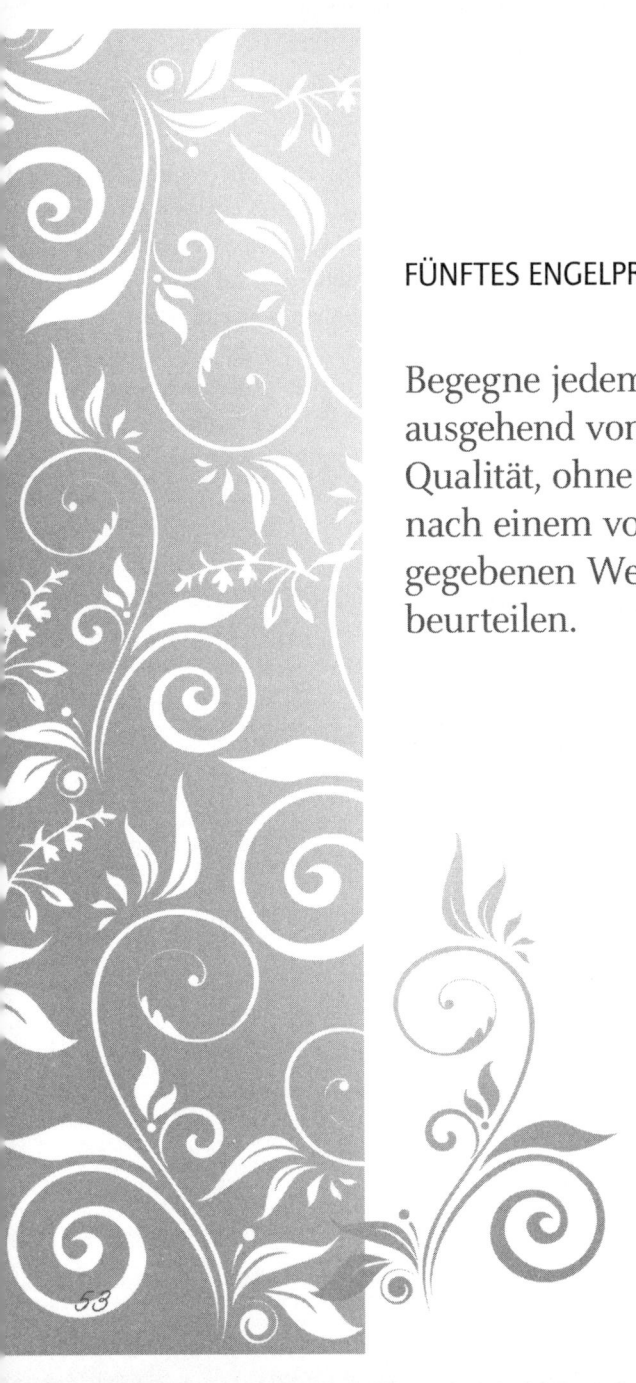

FÜNFTES ENGELPRINZIP:

Begegne jedem Engel
ausgehend von seiner
Qualität, ohne ihn
nach einem vor-
gegebenen Wert zu
beurteilen.

Indem du einen Engel dahingehend beurteilst, mehr oder weniger wert zu sein als ein anderer, beurteilst du zugleich deinen eigenen Wert in dem Feld, in dem sie dich widerspiegeln. Alle Teile von dir sind gleich viel wert, oder nicht? Oder wird jetzt erkennbar, ob du Teile von dir verurteilst und andere wertschätzt? Spüre dem ein bisschen nach.

Welche Qualitäten schätzt du sehr hoch ein und über welche urteilst du negativ?

SECHSTES GEHEIMNIS

Die Engel tragen in sich ebenso starke männliche wie weibliche Energien, denn die Gotteskraft, aus der sie geschaffen sind, besitzt das Maskuline und das Feminine in vollkommener Balance. Wir können sagen, sie sind androgyn. Sie sind gleichermaßen maskulin wie feminin. Weil wir sie mit unserem Sinnesapparat auffassen – entweder mit unseren physischen Sinnen oder mit unseren doppelten Sinnen –, deuten wir sie als maskulin oder feminin. Einige Engel zeigen sich daher als Mann, andere als Frau. Zudem erscheint ein und derselbe Engel für jemanden in männlicher Gestalt und für jemand anderen in weiblicher Gestalt. Zweifle also nicht, wenn das geschieht. Alles ist gleich richtig, es ist nur ein anderer Aspekt des gleichen Engels, den du siehst. Ausgehend etwa von der femininen Kraft in sich, ist er gerade der Engel, der dir begegnen kann.

Märtha sieht zum Beispiel Erzengel Gabriel vom femininen Aspekt, also als Frau, während Elisabeth denselben Engel vom männlichen Aspekt sieht, also als Mann. Einige Menschen erleben die Engel von vorn betrachtet als maskulin, von hinten gesehen als feminin oder umgekehrt; für manche sieht es aus, als wechselten die Engel zwischen maskulinem und femininem Aspekt, während sie sie betrachten. Manchmal ist nicht zu erkennen, ob sie maskulin oder feminin sind. Im Grunde ist das auch nicht so wichtig. Wesentlich ist, dass du deine Begegnung mit dem betreffenden Engel genau in der Form erlebst, in der er sich dir zeigt.

Da das Maskuline und das Feminine bei den Engeln vollkommen ausgeglichen ist, helfen sie uns, unsere eigene Balance auf diesem Gebiet zu finden. Das Männliche und das Weibliche verfügen auch über eine physische und eine energetische Dimension. In physischer Hinsicht ist es in der Regel offensichtlich: Wir sind Männer und Frauen, maskulin und feminin im Ausdruck. Dennoch besitzt jeder von uns männliche und weibliche Energien, unabhängig vom Geschlecht. Studieren wir diese näher, können sie auf zwei Arten betrachtet werden: Die eine Art lässt dich im Äußeren mehr oder weniger maskulin oder feminin erscheinen. In vielen Fällen versuchen wir Frauen, eher wie Männer zu agieren, und leben unsere maskulinen Seiten aus. Im Versuch, all den Anforderungen zu entsprechen, können wir hart und zielgerichtet werden.

MÄRTHA: Als Kind spürte ich einen großen Druck, mädchenhaft und süß zu sein, denn so sollte eine Prinzessin sein. Allerdings trug ich eine Kurzhaarfrisur, weil meine Haare so dünn waren. Damit sah ich wie ein Junge aus, und um das zu kompensieren, wurde in den dünnen Flaum oben auf der Kopfmitte eine weiße, rosafarbene, gelbe oder violette Schleife platziert. Sooft ich ein Kleid angezogen bekam, musste ich mich besonders nett benehmen und mit Erwachsenen zusammen sein. Das war anstrengend und brachte mich schon in jungen Jahren zu der Erkenntnis, dass es nicht besonders cool sei, ein Mädchen zu sein. Ich flüchtete in meine zerschlissenen Hosen, hinein in den Wald und rauf auf die Bäume. Ich war ein Jungenmädchen. Ich hasste den Mädchenkram und mochte es nicht, die Haare lockig zu haben oder Nagellack zu tragen. Ich nahm Zuflucht zu Reiterhosen und Cappys und setzte alles aufs Springreiten.
Von dem Tag, an dem ich meinem Schutzengel begegnete und Zugang zu den Engeln generell bekam, begann ich, mich zu ändern. Ich fing an, mich zu öffnen, damit die feminine Energie in mir ans Licht treten konnte. Das führte wiederum dazu, dass ich Menschen anzog, die mich dabei unterstützten, unter anderem mein Ehemann. Die Engel zeigten mir, dass ich mich trauen konnte, auf meine Weise feminin zu sein.

Das ist ein Beispiel dafür, wie die maskuline und die feminine Energie uns als Mann oder Frau beeinflussen. Wir können das als die physische Beeinflussung der maskulinen und femininen Energie bezeichnen. Zudem liegen das Maskuline und das Feminine fest in unserem Körper verankert und kommen zum Beispiel durch unser Hormonsystem zum Ausdruck, wo die Balance zwischen Testosteron und Östrogen sowohl für Männer als auch für Frauen äußerst wichtig ist.

Eine andere Art ist, dass das Maskuline und das Feminine energetisch als ein Austausch in allem existieren. Diese Energien machen die Triebkräfte des Universums aus und sind unabhängig vom Geschlecht. Was sind also die männliche und die weibliche Kraft und warum ist es so wichtig, dass sich beide in Balance befinden? Die maskuline Kraft ist zielgerichtet, tatkräftig, nach außen gerichtet und umfasst das Geben; ihr Symbol ähnelt einem Pfeil. Die feminine Kraft ist nährend, nach innen gerichtet, umfasst die nährenden Dinge und das Empfangen; ihr Symbol ist einem Kreis ähnlich. Das sind die reinen maskulinen und femininen Energien, die sich in uns und um uns herum in ewigem Austausch befinden. Alle Menschen tragen sowohl einen maskulinen als auch einen femininen Teil in sich. Dennoch muss es einen konstanten Austausch und ein Zusammenwirken von beidem in uns geben; das eine kann nicht ohne das andere existieren. Daher beeinflussen uns die maskuline und die feminine Energie in vielen Lebensbereichen.

Unsere Atmung zeigt uns auf eine einfache Weise, wie wir sowohl die maskuline als auch die feminine Energie brauchen und wie lebenswichtig der Austausch zwischen beiden in der Wirklichkeit ist. Ausatmen ist maskuline Energie. Einatmen ist feminine Energie. Bereits hier kannst du in dir den Austausch spüren.

Hast du einmal darüber nachgedacht, wie du atmest?
Atmest du tief ein, hast aber eine flache Ausatmung?

*Atmest du kurz ein, aber lang aus? Beobachte und spür
einen Moment nach, wie du atmest, wenn du natürlich
ein- und ausatmest.*

Um zu leben, benötigen wir sowohl die Ein- als auch die Ausatmung.
Wir können nicht den ganzen Tag lang nur ausatmen. Genauso wenig
können wir dauerhaft nur einatmen. Der Körper wird sowohl erschöpft
davon, immer geben zu müssen, also einem übermäßigen Verbrauch der
maskulinen Energie ausgesetzt zu sein, als auch davon, immer empfangen zu müssen, also einem Überverbrauch der femininen Energie ausgesetzt zu sein. Dennoch agieren wir oft in gewohnten Mustern, indem
wir zu viel geben oder zu viel empfangen, und das kann von Situation
zu Situation wechseln.

Hast du das Gefühl, dass du ständig gibst, aber nie einen Ausgleich
zurückbekommst? Dann kann es sein, dass du in diesem Bereich die
feminine Energie, das Empfangen, unterdrückt hast. Ungeachtet dessen, wie oft die Personen um dich herum versuchen, dir Rückmeldung
zu geben, indem sie sagen, wie tüchtig du bist oder wie dankbar sie für
das sind, was du tust, prallt all dies von dir ab. Du tust doch nur deine
Pflicht; kein Grund, Danke zu sagen. Auf diese Weise gibst du dem
Körper nicht die Möglichkeit, »einzuatmen«. Du »atmest« nur immer
weiter »aus«. Das gilt auch für Gefühle: Gibst du Liebe immer nur den
anderen, hast du vielleicht das Gefühl, selbst nicht geliebt zu werden,
weil die feminine Energie, Liebe zu empfangen, nicht ausreichend sti-
muliert ist. Du wirst das Gefühl haben, dass dich eigentlich niemand
mag, und so lässt du dir die Liebe entgehen, die sich um dich herum
findet und die du empfangen kannst. Du glaubst, die Antwort finde
sich irgendwo da draußen, aber in Wahrheit liegt sie in deinem eigenen
Ungleichgewicht zwischen dem Femininen und dem Maskulinen. Wie
lange ist es zum Beispiel her, dass du angebotene Hilfe angenommen

hast? Und dabei meinen wir Hilfe der Art: »Kann ich dir beim Tragen der Tüte helfen?«, oder: »Lass mich das für dich holen.« Wie oft sagen wir da: »Nein, das geht schon; ich mache das.« Wir wollen andere doch nicht belästigen. Fragt dich jemand das nächste Mal, versuche einfach, »Ja, danke« zu sagen. Auf diese Weise schenkst du anderen die Möglichkeit, zu geben. Bedenke: Falls du immer nur gibst, also nur ausatmest, müssen die anderen um dich herum stetig empfangen, also nur einatmen. Damit nimmst du ihnen die Chance, zurückzugeben. Du stellst sie in eine verschlossene »Empfangsecke«. Denk einmal darüber nach, wie es sein würde, sich am anderen »Ende« deines Gebens zu befinden: Würdest du es schaffen, all das entgegenzunehmen, was du gibst? Oder würdest du eine Pause brauchen, in der du endlich ausatmen darfst? Es ist vielleicht ein bisschen paradox, dass gerade das als weiblich angesehene ungebremste Geben in Wirklichkeit von der maskulinen Energie in uns kommt. Ein Geschenk zu machen, ist also maskulin, ein Geschenk zu empfangen, ist feminin. Das darf nicht missverstanden werden im Sinne von: Männer machen Geschenke, und Frauen sollen sie entgegennehmen. Jeder Mensch, ob Mann oder Frau, gebraucht seine maskuline Kraft, wenn er oder sie ein Geschenk macht. Und umgekehrt: Egal ob du Mann oder Frau bist – wenn du ein Geschenk empfängst, setzt du die feminine Kraft in dir ein.

Was fällt dir leichter: ein Geschenk zu machen oder eines zu bekommen? Die Antwort darauf kann ein kleiner Hinweis auf die Balance zwischen dem Maskulinen und dem Femininen in dir sein.

Bist du jemand, der die ganze Zeit von anderen empfängt, sodass deine maskuline Energie also unterstimuliert ist, dann kann es sein, dass du leicht von anderen überfahren wirst. Deine Bedürfnisse werden nicht gehört, weil du sie vielleicht auf eine so stillschweigende Weise äußerst, dass sie niemand wahrnimmt. Es ist leicht, seine Meinung in sich hineinzufressen. Folglich lässt du andere das Gespräch steuern und das Wort ergreifen, weil du glaubst, sie hätten Bedeutsameres als du zu sagen. Auf die Spitze getrieben kann das zur Folge haben, dass die Menschen um dich herum das Gefühl haben, sie müssten dich unterhalten, also mehr als das geben, was eigentlich natürlich wäre. Auf diese Weise gewinnt die maskuline Energie in der anderen Person die Dominanz – was anstrengend sein kann. Denk nach: Wann hast du dich zuletzt zu etwas geäußert, das dir wichtig war, sodass es zu einer Änderung geführt hat? Indem du dich mitzuteilen beginnst, holst du dir die Tatkraft zurück, die den maskulinen Aspekt repräsentiert und die eine Balance zur femininen Energie in dir bilden kann.

Eine Umarmung stellt ein gutes Training für Geben und Nehmen dar. Sie funktioniert nämlich nach dem Prinzip: Bekommst du eine Umarmung, dann gibst du auch eine Umarmung. Durch diese einfache Geste wird eine Balance zwischen dem Maskulinen und dem Femininen erreicht.

Selbst ein Gespräch mit jemandem erfordert die Aktivität von beidem: des Maskulinen – nämlich Sprechen – und des Femininen – also Zuhören. Das bedeutet keineswegs, dass die Frau zuhören und der Mann reden soll. Es heißt vielmehr, dass während dieser Kommunikation bei jedem Menschen beide Energien beteiligt sind. Beim Sprechen ist die maskuline, zielgerichtete Kraft in dir aktiv, beim Zuhören ist es die feminine, empfangende. Dies wechselt innerhalb des Gesprächs. Man kann nicht Teil einer Gemeinschaft sein, ohne dass es zu einem Austausch zwischen dem Maskulinen und dem Femininen kommt, wobei dieser Austausch durch Reden und Zuhören, maskulin und feminin, sowohl in uns selbst als auch zwischen dir und deinen Gesprächspartnern stattfindet.

Diese Prinzipien gelten auch, wenn wir eine Idee haben. Die Idee bekommen wir mit der femininen Kraft des Empfangens; umgesetzt wird sie mit der maskulinen Kraft in uns, der Tatkraft. Trägt die Person, die diese Idee bekommt, zu wenig maskuline Energie in sich, kann sie eine innovative Idee haben, wird diese aber niemals umsetzen können. Verfügt diese Person über zu viel maskuline Energie, wird die Idee vielleicht realisiert, bevor sie durchdacht und reif ist.

MÄRTHA: Während ich dies hier schreibe, steht ein goldener, femininer Engel auf meiner Tastatur. Sie hat goldenes langes Haar und trägt ein Kleid, das an den Seiten von Gold in die Farben des Regenbogens übergeht. Es sieht aus, als würde ihr beständig der Wind durchs Haar wehen. Auch ihre sich ausbreitenden Flügel schimmern wie Perlmutt in den Farben des Regenbogens. Sie ist schön, voller Kraft und bestimmt. Sie bewegt sich nicht einen Millimeter weg, bevor ich nicht zu schreiben aufhöre und mir anhöre, was sie zu sagen hat. Der goldene Engel sagt, sie heiße Yasmin und sei hier, um mich beim Schreiben an die Balance zwischen dem Maskulinen und dem Femininen zu erinnern. Sie sagt:

Wenn du dich öffnest und den Schreibstrom durch dich hindurchfließen lässt, gibst du nicht gleichzeitig dir selbst. Es ist, als würdest du zu einem Kanal, und es ist nur dein Computer, der Nachschub bekommt, indem das Worddokument um einige Bites anwächst. In dieser Form schreibt man mit einem langen Ausatmen, also mit nur maskuliner Energie. Indem du jedoch zuhörst, was ich dir sage, wirst du beim Schreiben zugleich empfangen und eine Balance zwischen dem Maskulinen und dem Femininen erreichen. Auf diese Weise wirst du etwas dazubekommen, während du schreibst. Das ist für deinen Körper viel besser. Du wirst sehen, dass du länger am Stück schreiben kannst, ohne erschöpft zu werden. Gleichzeitig ist das eine gute Übung für dich in dem Prozess, anderen zu geben, wenn du daran arbeitest, zu empfangen und an dich selbst zu denken.

Danke! Diesen Weckruf können wir alle mit auf unseren Weg nehmen: Wenn wir anderen geben, sollen wir gleichzeitig uns selbst geben, denn das führt zu einer Balance zwischen dem Maskulinen und dem Femininen. Ein gutes Beispiel dafür ist der Mond: Er nimmt die Strahlen der Sonne auf (feminin), um Licht auf die Erde herabzusenden (maskulin). Er gibt und empfängt in perfekter Balance. Er ist einfach in Balance mit seinem eigenen Zyklus. Der Mond erinnert uns Frauen an unser Potenzial, mit unserem eigenen Zyklus in Harmonie zu kommen und uns in einem konstanten Austausch zwischen Geben und Nehmen zu befinden, also zwischen der femininen und der maskulinen Kraft in uns selbst.

Indem der maskuline und der feminine Aspekt bei den Engeln in vollkommener Balance sind und diese Lichtwesen weiterhin ihren Ausdruck behalten, erinnern sie uns daran, das Gleiche zu tun. In dieser Hinsicht sind sie fantastische Lehrmeister. Und falls man es nicht durch die Begegnung mit ihnen begreift, geben sie uns konkrete Hinweise – so wie Yasmin es getan hat –, damit man diese Balance leichter erleben kann.

Erzengel Raziel und Erzengel Ariel sagen: Das künftige Wachstum der Menschen besteht aus der Vereinigung der maskulinen und der femininen Kraft in ihnen selbst. Das betrifft sowohl die Vereinigung zwischen Körper (der Tatkraft, maskulin) und Seele (das Sein, feminin) als auch die vollkommene Balance zwischen dem Maskulinen und dem Femininen in allen Aspekten des Lebens. Diese Verbindung hängt wiederum mit der Vereinigung von Himmel und Erde in den Menschen zusammen.

In unser erstes Buch, »Schutzengel begleiten dich«, haben wir eine Meditation aufgenommen, bei der man in Kontakt mit dem Herzen von Himmel und Erde kommt, durch eine einzigartige Verbindung, zu der jeder Mensch Zugang hat. Es handelt sich hier erneut um eine Verbindung zwischen dem Femininen und dem Maskulinen. Zwischen femininer und maskuliner Energie ist die Schöpferkraft in vollkommenem Ausgleich; befinden sich diese beiden Aspekte in vollständiger Balance, wird alles einfach durch Sein erschaffen. Die Schöpferkraft erinnert uns an unser einzigartiges Potenzial, zu sein, wer wir sind. Trotzdem können wir die Schöpferkraft als eine maskuline Kraft erleben, den Ort, an dem sich die Saat oder der Samen befindet, während die Erde die feminine Kraft darstellt, den Ort des Gewächshauses oder der Gebärmutter, der dafür sorgt, dass der Samen sprießt und wächst. Öffnen wir uns für eine Vereinigung des Maskulinen und des Femininen in uns, dann erreicht uns die Eigenliebe wirklich in der Tiefe. Wenn wir uns trauen, diesen beiden Aspekten in uns zu begegnen, können wir uns selbst so viel näher kommen.

Aber wo befindet sich diese Brücke, die die beiden Energien in uns verbindet und vereint?

Der Brückenbau beginnt, indem wir auf dem Weg der Selbsterkenntnis voranschreiten sowie die Verantwortung für alles in unserem Leben übernehmen. Übernimm die Verantwortung für ein eventuelles Ungleichgewicht zwischen der femininen und der maskulinen Energie. Fang an, dir bewusst zu werden, welcher der Aspekte in deinem Leben den meisten Platz beansprucht. Hast du vielleicht viele Ideen, die nicht umgesetzt werden, weil du zu sehr von deiner femininen Energie ausgehend lebst? Oder überschreitest du eigene Grenzen, weil dein Verbrauch an maskuliner Energie zu hoch ist?

Wo findet sich in deinem Leben das Ungleichgewicht zwischen femininer und maskuliner Energie?

Im Einklang mit dem Herzen ist es uns möglich, die ersehnte Balance zu erreichen. Wenn du bewusst daran arbeitest, dein Herz für alle Aspekte deines Lebens zu öffnen, kannst du in eine größere Tiefe vordringen. Beginne gleich jetzt, die Verantwortung dafür zu übernehmen, wie du deine Kräfte verwaltest.

Kannst du dein Potenzial bewusst darauf ausrichten und verwenden, dass sich alles in dir findet?

ELISABETH: Den ganzen Sommer über hat mich Erzengel Raziel als ein ewiger Mahner begleitet, um mich daran zu erinnern, an meiner Tatkraft zu arbeiten. Inspiration und Ideen kommen leicht, und ich stehe in beständigem Kontakt mit meiner Intuition, aber es ist nicht genauso einfach, die Ideen umzusetzen.

Im Frühjahr hatten Raziel und ich ein Gespräch geführt, in dem ich ihn um Hilfe und Inspiration bat, um stärker mit meiner Tatkraft in Kontakt zu gelangen. Es wurde ein spannender Sommer. Ich habe erlebt, in Richtungen gestoßen zu werden, die ich nicht kannte, und stand vor der Herausforderung, Aufgaben sofort zu erledigen; dabei drehte es sich um ganz konkrete, praktische Lebensereignisse. Zum Beispiel brauche ich seit meiner Kindheit unglaublich viel Zeit, um ins Wasser zu gehen, wenn ich baden soll. Oft stand ich lange an der Leiter zum Schwimmbecken und überlegte hin und her: Soll ich, soll ich nicht? Selbst als Erwachsene habe ich dafür immer noch viel Zeit aufgewendet – bis ich Raziel traf.

Am ersten Morgen der Sommerferien stand ich wie gewohnt am Badesteg des Flusses im Gebirge: Soll ich, soll ich nicht? Dann spürte ich Raziels Anwesenheit ganz nah bei mir: »Tu es einfach! Sei vollkommen anwesend in deinem Körper und tue, wofür du dich bereits entschieden hast, nämlich zu baden.« Es gab keinen Raum für Diskussionen und ich spürte, wie ich stark und entschlossen wurde, und war tatsächlich die Erste im Wasser.

Den ganzen restlichen Sommer über kommunizierte ich mit Raziel und ging jeden Morgen schwimmen. Fantastisch schön und eine herrliche Art und Weise, den maskulinen Aspekt in meiner Tatkraft zu trainieren.

SECHSTES GEHEIMNIS:

Bei den Engeln sind maskuline und feminine
Energie in vollkommenem Ausgleich.
Sie erinnern uns daran, dass auch wir diese
Balance haben können.

*Erzengel Raziel sagt: Mutter-Vater-Gott, Schöpfer von al-
lem, besteht aus einem perfekten Gleichgewicht von maskuliner und femininer Kraft. Erst in der Verschmelzung des
Maskulinen und des Femininen findet sich der Schlüssel
für Wunder. Das ist im Physischen genauso, nicht wahr?
Denn auf diese Weise kann alles erschaffen werden. In
dieser vollkommenen Balance wird alles im Universum erschaffen. Je mehr ihr euch in Balance zwischen dem Maskulinen und dem Femininen befindet, desto mehr schafft
ihr in eurem Leben. Wie kannst du erschaffen, was du
willst, ohne die Erlebnisse zu akzeptieren, die du manifes-
tierst? Oder ohne eine klare Absicht an uns auszusenden,
damit wir dir dabei helfen können, das zu schaffen, was
du willst? Daher ist es gut, in allen Situationen das Geben und Nehmen zu trainieren, sodass Ausatmen und Einatmen auf allen Ebenen des Lebens zugänglich werden.
Lass deine Atmung dich daran erinnern – sie ist ohnehin
immer als ein Mahner bei dir.*

Astarte sagt: Ich bin das perfekte Beispiel für die Integration des Maskulinen und des Femininen. Ich bin Kriegsgöttin in vollkommener Weiblichkeit und Mutter in vollkommener Männlichkeit. Nicht weil ich das eine oder das andere bin, nein, ich bin beides gleichzeitig. Daher werden mich einige als eine Kriegsgöttin betrachten, während mich andere als Mutter Erde und Ursprung allen Lebens, eine nährende Madonna, sehen werden. Was bin ich nicht, wenn alles Leben auf Erden den maskulinen und den femininen Aspekt in sich trägt? Ich bin daher in allem, was es gibt. Wenn du dich in Kontakt und in Balance mit deiner maskulinen und deiner femininen Kraft befindest, wirst auch du in der gleichen Weise Teil dieses Universums sein. In vollkommener Balance öffnet sich dir daher der Kontakt mit allem und du wirst ebenso wie wir ein Mitschöpfer der Gottesintention.

SECHSTES ENGELPRINZIP:

Sei bei der Begegnung
mit Engeln präsent
im Austausch von
Geben und Nehmen.

SIEBTES GEHEIMNIS

Nun sind wir beim letzten Geheimnis angekommen; es befasst sich mit den Flügeln der Engel. Zugegeben, als wir diese Information erhielten, stimmte sie uns, milde ausgedrückt, skeptisch. Wir haben den Engeln zu erklären versucht, die meisten Menschen wüssten, dass sie Flügel haben. Die Antwort kam in gewohnt direkter Weise: »Ihr wisst, dass wir Flügel haben, aber ihr habt vergessen, warum wir sie euch dann und wann zeigen. Ihr habt vergessen, was sie symbolisieren, also das Geheimnis, das sich hinter den Flügeln verbirgt.«

Damit können sie gut recht haben. Wir selbst hatten eigentlich nicht viel darüber nachgedacht, welche Bedeutung den Flügeln zukommt. Durch die gesamte Geschichte hindurch waren Engel stets mit Flügeln ausgestattet, also mussten sie wohl so aussehen, nahmen wir an. Aber das ist nicht ganz richtig, denn Engel zeigen sich sowohl mit als auch ohne Flügel. Es ist nämlich so, dass sich Engel in Menschengestalt mit Gewand, langem Haar und großen, mit Federn besetzten Flügeln zeigen können; oder in Menschengestalt mit leuchtenden Kleidern, ohne Flügel; oder als ein weißes oder farbiges Licht ohne Strahlen; oder als ein weißes oder farbiges Licht mit Strahlen, die wie Flügel geformt sind; sie können als weißer oder farbiger Schimmer erscheinen. Sie können sich durch einen Duft zu erkennen geben oder einfach indem du weißt, dass sie da sind; durch ein Kribbeln, Wärme, Kälte oder etwas vollkommen anderes. Wie gesagt, die Engel präsentieren sich ganz unterschiedlich, denn sie sind nicht an Form, Farbe, Zeit oder Raum gebunden. Anders als wir haben sie keinen Körper und sind nicht durch das Physische begrenzt. Haben wir nicht schon erwähnt, dass sie reines Licht sind? Ja, genau. Und daher können sie sich in vielen unterschiedlichen Formen zeigen. Dennoch erfüllen die Flügel einen Zweck.

MÄRTHA: Yasmin zeigt mir ein weißes Licht, das aus ihr herausstrahlt und in unterschiedlichen Farben gebrochen wird. Das Licht strahlt in alle Richtungen. Sie sagt:

Die Flügel verwenden wir, um an allen Orten gleichzeitig zu sein. Folgst du einem dieser Lichtstrahlen, die ich dir zeige, dann gelangst du an einen Ort, und folgst du einem anderen, kommst du an einen anderen Ort. Durch sie können wir an allen Orten gleichzeitig und im Kontakt mit der Ewigkeit, dem Universum überall zugleich sein. Weil von uns unendlich viele Lichtstrahlen, dreidimensional ausströmen, stehen wir in Verbindung mit allen Ebenen und allen Zeiten.

Meine Flügel schimmern in den Farben des Regenbogens. Betrachtest du aber jede einzelne Feder, wirst du erkennen, dass jedes Detail diese Qualitäten in sich vereint. Jede Feder schimmert bis ins kleinste Detail hinein in allen Farbtönen. Wendest du das Bild mit den Federn auf unsere Flügel an, stellt jede Feder eine Gesamtheit dar. Das bedeutet, Makrokosmos und Mikrokosmos sind eins; wir können ununterbrochen an allen Orten gleichzeitig sein. In der Wirklichkeit SIND wir einfach und es wäre zu schwer für euch, uns ausgehend von diesem Sein zu erfassen. Weil ihr Menschen euch nicht dahin entwickelt habt, im Augenblick sein zu können, in der vollkommenen Balance zwischen dem Maskulinen und dem Femininen, in eurer eigenen Größe, müssen wir andere Wege finden, uns zu zeigen. Daher begegnen wir jedem Menschen dort, wo er sich befindet und uns empfangen kann.

Die Engel nutzen die Flügel also nicht zum Fliegen. Selbstverständlich können sie sie bewegen, denn sie können machen und sein, was sie wollen. Ab und an hört man ein Rauschen, wenn ein Engel mit seinen Flügeln über uns hinwegstreift, um einen bestimmten Effekt zu erzielen. Wenn wir aber darüber nachdenken, haben sie bei einer Begegnung mit uns für gewöhnlich nie mit den Flügeln geschlagen. Die Flügel standen still. Warum sollte jemand, der überall gleichzeitig sein kann, auch Flügel benötigen, um damit zu fliegen? Sie sind doch bereits dort, wo wir sie bald sehen werden, denn dort sind sie immer.

Wie alles andere im Universum sind auch die Flügel, das Maskuline und das Feminine in vollkommener Balance.

ELISABETH: Als Erzengel Sandalphon bei mir erschien, um mir von den Flügeln zu erzählen, zeigte er sich als ein zur Hälfte von mir abgewandter Engel, sodass die Flügel sichtbar wurden. Ich erlebte den Engel als maskulin, mit einem schönen Gesicht. Er war in Weiß gekleidet und hatte enorme Flügel, die über seinem Kopf begannen und sich bis weit nach unten erstreckten. Sie leuchteten wie ein Regenbogen oder vielmehr wie ein Prisma aus Kristall, das in allen Farben des Regenbogens aufbricht und sie in den Raum hineinstrahlen lässt, wenn die Sonne darauf scheint. Sandalphon erklärte:

Jede einzelne Feder hat etwas von der Qualität eines Diamanten, erschaffen in der Leichtigkeit einer Feder. Die Flügel präsentieren die enorme Weite, die sich in den Engeln widerspiegelt. Sie besitzen die Härte des Diamanten, der Glas zerschneiden kann, und alle Facetten des Regenbogens sowie gleichzeitig die Sanftheit der Feder. Hat dir in letzter Zeit jemand mit einer Feder über den Arm gestrichen, physisch gesehen? Erinnerst du dich, wie sich das angefühlt hat? Der Kontakt mit den Flügeln der Engel kann in der gleichen Weise erlebt werden. Gleichzeitig können sie die strahlende Schärfe eines Diamanten besitzen.

Wie Yasmin erklärt, sind die Flügel ein wiedererkennbares Element für jene, die eine derartige Bestätigung benötigen. Zeigen sich die Engel mit Flügeln, dann können alle, denen sie begegnen, sicher sein, dass sie Engel sind, falls es ihnen je schwerfällt, dies zu glauben. Gleichzeitig erinnern uns die Flügel, dass wir die gleichen Möglichkeiten in uns tragen. Wir werden daran erinnert, dass wir uns in ungeahnte Richtungen bewegen und das Universum erreichen können, wenn wir nur daran glauben. Auf die Frage, ob auch wir Flügel haben, lautet Yasmins Antwort:

Befindest du dich hinsichtlich deiner Größe in vollkommener Balance, besinnst du dich also darauf, wer du im Augenblick voll und ganz bist, dann wirst auch du überall gleichzeitig sein können. Das bedeutet nicht, dass du physisch an allen Orten gleichzeitig bist, sondern dass du ein Sein in allem hast und damit Teil des Universums bist. Insofern lautet ein Ziel, Flügel zu bekommen. Wenn du Flügel hast, bedeutet das nur, dass du in dein eigentliches Sein, dein eigentliches Ich, vorgedrungen bist. Dort wo du auch mit jedem Lichtstrahl in dir Kontakt mit allen Ebenen und Zeiten des Universums hast.

SIEBTES GEHEIMNIS:

Die Flügel werden als ein Kontakt zum Universum verwendet, nicht als Transportmittel.

Erzengel Metatron sagt: Die Flügel breiten sich aus in Zeit und Raum – zeitlich betrachtet sowohl in die Zukunft als auch zurück in die Vergangenheit. Auf diese Weise kann ich zu jeder Zeit Kontakt mit allen Zeiten haben. Denn es gibt immer einen Lichtstrahl, der genau diesen Augenblick des Erlebnisses berührt.

Die Engel wollen also, dass wir mit allen Teilen von uns verbunden sind und dass wir uns, ausgehend vom Augenblick, im Kontakt mit allen Zeiten und Dimensionen in uns selbst und dem Universum befinden. Sie wollen uns mit ihren Flügeln inspirieren, damit wir versuchen können, unsere eigenen zu erschaffen, und mit ihnen unsere wahre Größe finden.

SIEBTES ENGELPRINZIP:

Versuche in der
Begegnung mit Engeln,
deine eigenen Flügel
zu finden, sodass dein
Licht in Ewigkeit
scheinen und mit dem
der Engel tanzen kann.

Synchronizität entsteht,

wenn du auf deine innere Stimme hörst und in Fluss mit dem Universum kommst. So werden die äußeren Synchronizitäten zur Antwort auf deine innere Schwingung.

Märtha und Elisabeth

Kapitel 2

Die geheime Sprache der Engel

Die Engel kommunizieren mit uns. Kennst du aber nicht die unterschiedlichen Arten, in denen sie zu dir sprechen können, sind sie nicht so leicht zu entdecken. Die Möglichkeiten, wie der Kontakt zustande kommt, sind ganz verschieden. Daher gibt es keine zwei Menschen, die einen bestimmten Engel in der gleichen Weise erleben. Aufgrund der vielen Möglichkeiten ist es umso wichtiger, dass du mit deinem Herzen und deiner eigenen Wahrheit verbunden bist, denn hier entspringt der Kontakt mit den Engeln. Wenn die Verbindung aufgebaut ist, wirst du wissen, dass sie wahr ist – genauso wie du weißt, dass es deine innere Wahrheit ist, die antwortet. Es ist also deine innere Quelle, die sich im Kontakt mit den Engeln um dich herum befindet. Synchronizität entsteht, wenn du auf deine innere Stimme hörst und in Fluss mit dem Universum kommst. So werden die äußeren Synchronizitäten zur Antwort auf deine innere Schwingung.

Die Engel erteilen uns keine Befehle. Sie respektieren unseren freien Willen und stoßen uns auf unterschiedliche Weise und mit göttlicher Erfindungsgabe sanft in die richtige Richtung. Alles was den Kontakt mit den Engeln umfasst, handelt von Synchronizität: Wir stellen ihnen eine Frage und sie geben uns Antwort. Dies kommt auf verschiedene Arten zum Ausdruck und muss erlebt und erforscht werden.

Weil Synchronizitäten in unterschiedliche Kategorien eingeteilt werden können, haben wir uns entschieden, einige von ihnen zu behandeln. Jede Art von Kontakt ist gleich wertvoll. Daher kann es gut sein, dass du mit deinen Engeln auf eine vollkommen andere Art kommunizierst, als wir sie hier beschreiben. Wir haben nur die Engel aufgenommen, die wir selbst am besten kennen, und die Arten von Kontakt, die wir nach Ansicht der Engel beschreiben sollten.

🍂 Göttliche Zufälle

Wenn wir in uns selbst und bei der Kommunikation mit unserem Herzen und mit den Engeln ankommen, gelangen wir für gewöhnlich in einen göttlichen Fluss. Damit meinen wir, dass nun göttliche »Zufälle« im Leben auftauchen können. Wir finden uns dann in einem Strom aus Synchronizität wieder: Was wir denken, worum wir bitten oder worauf wir unsere Aufmerksamkeit richten, begegnet uns dann an unterschiedlichen Orten in unserer Umgebung, zum einen als ein Zeichen, dass wir uns auf der richtigen Spur befinden und dass wir gehört werden, zum anderen als eine Antwort oder ein Hinweis auf die weitere Richtung. Mag sein, du suchst nach einer Lösung für ein Problem und schlägst zufällig eine Seite in der Tageszeitung auf, wo genau über das Thema berichtet wird, an das du dachtest. Möglicherweise wirst du von einem Buch angezogen oder landest im Internet auf einer Seite, die du nie zuvor besucht hast, die aber genau das behandelt, was du suchst. Oder du stößt auf jemanden, der zu dir sagt: »Ich weiß nicht, warum ich dir das mitteile, aber ...« Und dann fährt dein Gegenüber damit fort, dir Informationen über das Gesuchte zu geben, oder nennt dir eine Stelle, an der du das Gewünschte findest. Du kannst die Information im Radio oder Fernsehen hören oder sie erreicht dich auf eine ganz andere Weise. Es ist spannend, sich in diesem Fluss der Synchronizität zu befinden, und manchmal kommt der Impuls aus unerwarteten Quellen:

ELISABETH UND MÄRTHA: Wir waren auf dem Weg zu unserem ersten Wochenendkurs von Astarte Education außerhalb unserer gewohnten Räumlichkeiten. Die Presse war hartnäckig, und daher war es wichtig, dass wir an den Kursort kamen, ohne dass uns die Journalisten fanden und ohne dass einer der Schüler, die wir bis dato kaum kannten, unseren Aufenthalt preisgab. Wir fühlten, dass wir Schutz brauchten, und baten daher Erzengel Michael, uns zu beschützen. Wir freuten uns, als wir bemerkten, dass sich Michael die ganze Strecke um unser Auto herum befand, und gerade als wir ihn auftauchen sahen, also zwei Sekunden nachdem wir um Unterstützung und Schutz gebeten hatten, kam uns ein Lastwagen mit dem Namen »Michael« auf einem Schild im Fenster entgegen. Wir hatten einen fantastischen Wochenendkurs, ganz ohne Schaulustige.

ELISABETH UND MÄRTHA: Als wir zusammen den Kurs zur Schulung der Hellsicht besuchten, herrschte zwischen uns, milde gesagt, eine schlechte Chemie. Wenn wir uns gelegentlich im Treppenhaus begegneten, stotterten wir beide uns ein paar Sätze zurecht. Nach Ende des Kurses traf sich eine kleine Gruppe, um das Gelernte zu vertiefen. So waren wir regelmäßig miteinander konfrontiert – ohne dass die Stimmung zwischen uns besser wurde. Aber eines Tages fingen wir an, über Engel zu sprechen. Das war, als würden die Engel einen Schleier, der uns getrennt hatte, beiseiteziehen. Plötzlich erkannten wir, dass wir den gleichen Humor und den gleichen Traum hatten, die spirituellen Werkzeuge, die wir im Kurs entdeckt hatten, mit anderen zu teilen. Während wir zuvor nicht miteinander reden konnten, gingen wir nun dazu über, die Sätze der anderen zu beenden, oder die eine begann über das zu sprechen, woran die andere gerade dachte. Wir ergänzten uns perfekt.

Das war zur Osterzeit und uns war klar, dass der Aufbau einer Schule umfassende Planungen erforderte. Obwohl der gesamte Ausbildungsplan feststand, dachten wir, es wäre besser, erst im Herbst zu beginnen. Glücklicherweise war jemand anderer zur Stelle, der sagte: »Warum bis zum Herbst warten? Ihr seid doch jetzt bereit!« Und damit war das Pilotprojekt geschaffen. Vier Tage später hatten wir unsere ersten zehn Schüler. Nach wie vor sind wir mit der Präsenz göttlicher Zufälle gesegnet. Wenn wir einen Termin haben, bei dem wir uns für etwas entscheiden, ist es oft so, dass es direkt danach zu uns kommt. So geschah es auch, als wir uns entschlossen, Vorträge über Wirtschaftsthemen zu halten: Einen Tag darauf erhielten wir die Einladung, bei einer Frauenkonferenz im Bereich Wirtschaft einen Vortrag zu halten.

Synchronizitäten tauchen auf, wenn wir uns im Fluss und im Kontakt mit uns selbst und unserer eigenen Größe befinden und von dieser Quelle aus Kontakt mit den Engeln aufnehmen.

Erzengel Sandalphon sagt: Synchronizität ist, wenn du so willst, als würdet ihr physisch sehen, dass wir an den Fäden ziehen oder euer Leben beeinflussen. Die Welt ist so geschaffen, dass alles zusammenhängt, damit es zu einem Zusammenspiel kommt. Sendest du von deiner inneren Wahrheit her eine Absicht ins Universum hinaus – das schließt uns also ein –, bekommst du direkte Antworten. Befinde dich daher in beständiger Bitte und ewiger Dankbarkeit – und alles wird so zu dir kommen, wie du es dir wünschst.

🍂 Federn

Weiße oder gemusterte Federn sind vielleicht die eindeutigste Art, Antwort zu erhalten. Beginnst du damit, auf sie zu achten, tauchen sie an den merkwürdigsten Orten und in einer solchen Weise auf, dass es nicht möglich ist, sie als etwas anderes als eben Kommunikation mit den Engeln aufzufassen. Federn können einzeln oder zu mehreren auftauchen. Falls du bisher nicht auf sie geachtet hast, fang heute damit an, denn es ist wirklich kurios, wie die Federn den Weg weisen.

MÄRTHA UND ELISABETH: Jeden Herbst veranstalten wir mit unseren neuen Schülern einen Wochenendkurs in einem Haus, das einsam inmitten großer Freiflächen liegt. Das Thema dieses Kurses lautet »Erdung« und wenn wir die physischen Übungen durchführen, sind wir draußen und nutzen die schöne Natur um uns herum. Bei einer Meditation legten wir uns auf den Boden. Alle schlossen die Augen und wir nahmen vom Herzen ausgehend Kontakt zur Erde auf. Die Meditation kann nicht länger als 10 bis 15 Minuten gedauert haben und es muss erwähnt werden, dass es an diesem Tag nicht besonders windig war. Als wir die Augen öffneten, waren alle mit weißen Federn bedeckt: einige auf dem Kopf, andere an der Kleidung, im Haar, auf den Beinen. Wir waren alle vollkommen überwältigt und viele nahmen die Federn als Erinnerung mit. Als wir bei Vorträgen von diesem Ereignis berichteten, passierte es auch, dass im Publikum eine oder zwei Federn auftauchten.

Es gibt nicht dauernd so überwältigende Antworten wie in diesen Geschichten. Aber die Federn tauchen immer wieder auf. Beginne einfach, auf sie zu achten, dann wirst du es erleben.

MÄRTHA: Mein Mann ist der Meinung, ich werde von Federn verfolgt. Irgendwo ist immer eine Feder, egal ob es Winter oder Sommer ist, ob wir im Gebirge oder am Meer, in der Stadt oder auf dem Land sind. Inzwischen betrachtet er es als amüsantes Spiel. Und es stimmt: Oft finde ich Federn an den seltsamsten Orten. Einmal, als wir etwas mehr über den Humor der Engel und den Eigensinn der Federn lachten, waren wir ganz inkognito, nur mein Mann und ich, einige Tage nach einem Engelkongress, den ich in Italien besucht hatte, auf dem Weg zu romantischen Skiferien. Wir hatten keine Skier mitgenommen und mussten uns folglich welche ausleihen. Als wir im Lift saßen, war es tatsächlich mein Mann, der darauf hinwies, dass sich an der Spitze meiner Skier ein Aufkleber mit zwei Federn darauf befand. Da ich ganz pragmatisch bin – glaub es oder nicht –, sagte ich, das müsse ein Sticker sein, den sie im Geschäft aus dem einen oder anderen Grund sicher auf viele der Skier kleben. Bei unserer Rückkehr in die Ausleihe überprüften wir schließlich die anderen Skier genau, fanden aber kein zweites Paar mit einem entsprechenden Aufkleber.

MÄRTHA UND ELISABETH: Dass die Federn von den Engeln kommen, wird in einigen Zusammenhängen deutlicher als in anderen. Wir halten auf der ganzen Welt Kurse ab, um den Menschen zu helfen, mit ihrem Schutzengel in Kontakt zu treten. Bei dieser Übung sitzen wir im Kreis, die Schüler schließen ihre Augen und haben vielleicht ihre erste bewusste Begegnung mit ihrem Schutzengel. Das kann für einige ein starkes Erlebnis sein. Sie sind alle von diesem Erlebnis geprägt und der Raum ist oft von einer besonderen Liebeskraft erfüllt. Die Engel schwingen förmlich im Raum und gelegentlich taucht in der Mitte des Kreises eine Feder auf, wenn die Schüler nach der ersten Begegnung mit ihrem Schutzengel die

Augen öffnen. Und wir sind sicher, dass diese Feder am Beginn der Meditation nicht da gewesen ist.

ELISABETH: Ich habe einen Hang zur Rationalität, und der Verstand kann spinnen, um eine realistische Erklärung zu finden. Wenn wir im Kreis eine Feder finden, bin ich schnell dabei, zu denken, sie stamme von Märthas Daunenjacke, die sie im Winter immer trägt. Daher war eines der morgendlichen Ereignisse, als ich unterrichten sollte, eine komplette Überraschung: Bei Astarte Education sollte der Schultag beginnen. Ich war auf dem Weg in die Küche, in der sich vor der Morgenmeditation alle mit Tee versorgen, als jemand sagte, auf meinem Rücken sitze eine Feder. Als ich nachschaute, handelte es sich tatsächlich um eine Feder, die wie ein Flügelchen direkt vom Schulterblatt abstand; sie saß in meinem Pullover fest und bewegte sich im Luftzug, wenn ich ging. Die Feder wurde an diesem Tag selbstverständlich zu einem großen Thema im Unterricht und lag den ganzen Tag über auf meinem Stuhl. Das Besondere an diesem Ereignis war, dass es in den Räumlichkeiten nichts gab, von dem die Feder hätte stammen können; wir haben weder Federkissen noch andere Gegenstände, die Federn enthalten, und es war keine Daunenjacke in Sicht, denn draußen war es immer noch warm.

Was wollen uns die Federn also sagen? Zunächst können sie uns einen physischen Weg aufzeigen. Sie können dir die Richtung weisen, die du einschlagen sollst. Außerdem möchten sie dich in deinem Zweifel an der Existenz der Engel trösten. Sie sind eine Bestätigung von ihnen an dich. Die Engel lieben es, an deinem Leben teilzuhaben, wenn du ihnen nur erlaubst, da zu sein. Das kann wie ein Dankeschön sein – ein Dankeschön, dass du ihnen die Möglichkeit gibst, die Aufgabe zu erfüllen, für die sie auf die Erde gesandt wurden: nämlich dich zu unterstützen und für dich da zu sein.

Erzengel Ariel sagt: Federn sind meine Spezialität. Ich verstreue Federn zum Trost und zur Besinnung. Diese Federn berühren das Leben vieler und haben eine Frequenz, die zur eigenen Herzfrequenz eines jeden einzelnen Menschen passt. Sie erinnern euch an die Liebe, über die ihr verfügt. Sie erinnern euch an die Flügel der Vögel, an unsere Flügel – und am wichtigsten: daran, dass du deine eigenen Flügel entwickeln kannst; damit kannst du hinein in deine göttliche Existenz auf Erden gelangen. Die Federn dienen auch der Freude und Aufmunterung in einem hektischen Alltag, in dem es vielleicht notwendig ist, ein wenig innezuhalten und nachzuspüren, wo du dich befindest. Die Federn sind gut dafür. Du musst innehalten und die Feder betrachten, sie vielleicht aufheben und studieren. So besinnst du dich darauf, nachzuspüren, und so kommt die Erinnerung daran, wer du bist – und du wirst wieder zu einem bewussten Menschen. Wie du siehst, bergen Federn als Kommunikationsmittel viele Möglichkeiten. Lass dir von ihnen den Weg weisen.

Naturphänomene

Die Natur ist stark präsent, wenn es um Antworten geht. Die Antwort kann durch schöne Naturerlebnisse, durch Vögel oder andere Tiere kommen – oder als ein jäher Impuls in dir, dich an einen schönen Ort zu begeben. Als wir unseren Wochenendkurs abhielten, wurde uns selbst eine Antwort von der Natur geschenkt.

MÄRTHA UND ELISABETH: Jeden Herbst verreisen wir mit unseren Schülern und halten ein Erdungs-Wochenende ab, dessen Ziel es ist, in engeren Kontakt mit der Erde zu kommen. Das sind wundervolle Tage, an denen sich die Schüler selbst näherkommen und erkennen, dass sie tatsächlich einen Körper haben. Sowohl mit uns als auch mit ihnen passieren große Dinge. Auf dem Heimweg von diesen Wochenendkursen haben wir mehrfach Regenbogen gesehen. Nicht genug damit, dass es ein Regenbogen war – sie waren doppelt oder sogar dreifach.

Als wir den Kurs »Schutzengel begleiten dich« im norwegischen Vestlandet hatten, war das Wetter richtig schlecht. Der Wind wehte heftig, so wie es in dem Teil des Landes passieren kann, es regnete und war bedeckt. Wir waren in einem fantastischen Gebäude mit hohen Fenstern, die zum offenen Meer gerichtet waren, wo große Wellen gegen den Strand schlugen. Das war ein toller Anblick und weil wir sowieso nicht vorhatten, viel draußen zu sein, war es auch in Ordnung, dass das Wetter nicht so schön war. Also kein kurzer Sonnenstreif. Dann kamen wir zu der Meditation, bei der die Kursteilnehmer mit ihrem Schutzengel in Verbindung treten sollten. Als sich ihr Schutzengel vor ihnen zeigte und sie den Kontakt wiederherstellten, brach buchstäblich das Sonnenlicht durch die Wolken hindurch. Die Sonne teilte die Wolkendecke in zwei Hälften und direkt vor unserem Fenster schien ein Lichtkegel aufs Wasser. Wir baten die Kursteilnehmer, ihre Augen zu öffnen, um diesen Anblick zu erleben. Das machte auf uns alle einen starken Eindruck.

Nachdem wir bei einer Engelkonferenz in Norditalien einen Vortrag gehalten hatten, flogen wir nach Rom, um an einer Fernsehsendung teilzunehmen. Wir trafen viele Italiener, die offenherzig Geschichten über ihre Schutzengel zu erzählen hatten. Alle, mit denen wir in Kontakt kamen, vom Maskenbildner über die Haarstylistin bis hin zum Kameramann und Tontechniker, teilten erfreut ihre Erfahrungen mit. Wir verstanden, warum 98 Prozent der Bevölkerung dieses Landes an Engel glauben. Nach Ende der Fernsehsendung saßen wir im Auto auf dem Weg zum Flughafen. Und dort, über unseren Köpfen, schwebte eine Vogelschar, die ein großes Herz formte. Es war nicht so, dass sie für einige Sekunden oder einfach zufällig ein Herz bildeten. Nein, sie blieben mehrere Minuten lang in Gestalt eines Herzens zusammen, bevor sie die Formation auflösten.

Diese Naturerlebnisse sind stark. Weil sie so groß sind, fühlen sie sich oft geradezu umwerfend an. Es ist mehr, als nur eine kleine Feder zu finden. Wir sind überwältigt, denn so viele Dinge müssen zusammenkommen, damit sie sich zeigen können. Um einen Regenbogen zu erschaffen, muss es gleichzeitig Sonne und Regen geben. Das heißt, es muss sich ein Tief aufgebaut haben, das sich auf dem Rückzug befindet, und die Sonne muss akkurat im richtigen Augenblick durch die Wolkendecke brechen, damit du das als eine göttliche Synchronizität erleben kannst. Die Vögel mussten sich genau dort befinden, wo sie waren, und exakt in dem Moment, als wir zum Himmel hinaufschauten, in der Formation eines Herzens fliegen. Wenn man darüber nachdenkt, sind die Chancen sehr gering, dass genau das bei solchen Anlässen passiert. Man kann sagen, es sind Zufälle, und das sind sie: göttliche Zufälle.

Erzengel Ariel sagt: Alles Leben entspringt aus der gleichen Quelle. Wenn ihr offen dafür seid, antwortet die Natur. Manchmal mit einem leichten Windhauch, wie eine Liebkosung der Wange, oder als etwas Schönes fürs Auge. In Wirklichkeit brauchst du diese Erinnerungen nicht, denn hinter allem weißt du, wer du

bist. Weil du das aber einen Moment lang vergessen hast, ist
die Natur eine gute Hilfe, um Antworten zu finden, wenn du als
Mensch und als Seele einen Schritt nach vorn gemacht hast.

Physische Hinweise

Wie gesagt, die Engel respektieren immer unseren freien Willen. Dennoch nehmen sie gern an unseren Prozessen teil und können ganz physisch vorgehen, um ihre Botschaft zu überbringen: Eventuell verpassen sie dir einen kleinen Stoß, schubsen dir ein Buch aus der Hand, das sich dann auf der Seite aufschlägt, wo die Botschaft an dich schwarz auf weiß zu lesen ist; du kannst eine Brise an der Wange verspüren, Schüttelfrost bekommen, ein Kribbeln im Körper fühlen oder dein Herz kann sich öffnen.

ELISABETH: Wenn die Engel in meiner Nähe sind, bekomme ich oben auf dem Kopf ein Kribbeln. Die Haare richten sich auf und ich habe das Gefühl, in mir findet eine Transformation statt. Als würde auf einmal die Energie in allen Zellen anschwellen. Manchmal kann das mehrere Tage andauern und ist für mich ein Zeichen, dass ich auf dem richtigen Weg bin, dass ich in meinem Leben einen großen Schritt in die eine oder andere Richtung mache.

Tine stand dem Kontakt mit Engeln skeptisch gegenüber. Dennoch gab es etwas in ihr, das sie zu dieser Verbindung hinzog. Als sie zum ersten Mal ihrem Schutzengel begegnete, erfuhr sie eine Form von Gegenwart. Aufgrund ihrer Skepsis vertraute sie nicht auf ihr Erlebnis, bat die Engel aber um ein Zeichen: Seit einiger Zeit litt sie unter Schmerzen in der Schulter und bat die Engel deswegen um Hilfe. Kaum hatte sie den Gedanken ausgesandt, strömte Wärme in ihre Schulter – und der Schmerz löste sich auf. Davon war Tine so überwältigt, dass ihre Zweifel schwanden.

Die Varianten für solche Engel-Erlebnisse sind so zahlreich wie die Menschen auf der Welt. Ausschlaggebend ist, dass du die Aufmerksamkeit darauf richtest, wie die Engel gerade mit dir Kontakt aufnehmen. Solltest du das nächste Mal ein Kribbeln im Körper verspüren oder sich dein Herz öffnen, versuche zuzuhören und schau, ob es eine Botschaft gibt, die dir die Engel überbringen möchten.

Yasmin sagt: Weil wir im Licht existieren, können wir überall sein, auch im Körperlichen. Wenn du uns darum gebeten hast, an allen Bereichen deines Lebens teilzuhaben, sind wir auch im Physischen gegenwärtig, wo du hauptsächlich dein Dasein hier auf Erden verbringst. Wenn du offen für unsere Botschaften bist, finden wir immer einen Weg, dich zu erreichen. Lasst die Herzen im Einklang mit dem Schöpferwerk, der Gotteskraft und uns singen, sodass eure Herzen von allen Dingen und in allen Situationen für den göttlichen Gesang geöffnet werden können. Wir lehren dich, dich zu jeder Zeit im Licht zu befinden. Hör uns zu und du wirst wissen, wer du bist.

Auffassungen von Engeln

Stehen wir im Leben vor großen Entscheidungen, zeigen sich zuweilen die Engel, entweder physisch oder vor unserem inneren Auge. In der

Tat hatten schon viele Menschen bei der Begegnung mit Engeln lebens-verändernde Erlebnisse. Manchmal geschieht dies in bedrohlichen Situationen. Die Engel können sich als menschenähnliche Gestalten mit großen, federbedeckten Flügeln oder mit Flügeln aus strahlendem Licht oder als weiße oder farbige Lichtschimmer zeigen.

Annie befand sich auf dem Heimweg von der Arbeit. Sie wohnt in einem Teil des Landes, in dem es steile Abhänge und viele scharfe Kurven gibt. Draußen war es kalt und glatt, die Straßen mit einer Schneedecke überzogen. In einer Kurve blockierten die Hinter-räder, sodass das Auto ins Schleudern geriet, und zwar direkt an einem steinigen Hang; dort hinabzurutschen, hätte Annies sicheren Tod bedeutet. Plötzlich war es, als würde eine unsichtbare Hand das Lenkrad übernehmen. Alles lief wie in Zeitlupe ab. Annie wurde ganz ruhig; das Auto rutschte bis an den Rand des Abgrunds und blieb stehen. Als Annie nach oben sah, stand dort ein weiß geklei-deter Engel und schaute sie ruhig an, bevor er in der Dunkelheit der Nacht verschwand.

Bei diesen außergewöhnlichen Begegnungen mit Engeln dominieren in der Regel die klassischen Engel-Erlebnisse. Damit meinen wir: Die Engel sehen aus wie auf den Glanzbildern; sie erscheinen mit großen Flügeln und vielfarbigen, wehenden Gewändern.

Das erzählen uns die Engel darüber:

Erzengel Chamuel sagt: Wenn Menschen in Krisen geraten oder vor großen Lebensentscheidungen stehen, werden wie in einer Art Alarmbereitschaft alle Sinne geöffnet. Der Übergang zwischen dem Physischen und dem Energetischen verschmilzt in hohem

Maße miteinander. Das Bewusstsein wird erweitert. Daher ist es in solchen Situationen leichter, Engel zu sehen. Wir kommen, um zu trösten, damit du in der Begegnung mit dem Bevorstehenden deine Kraft findest. Wir erinnern dich daran, wer du bist, damit du weißt, du wirst die Herausforderung meistern, der du gegenüberstehst.

Erzengel Gabriel sagt: Der Übergang eröffnet neue Dimensionen. In diesen Situationen wirst du dir deiner Stärken und Schwächen bewusst. Man kann es als eine Bewusstseinsöffnung bezeichnen, denn plötzlich verstehst du etwas mehr über dich selbst oder öffnest dich gegenüber einer größeren Tiefe und einem beträchtlichen Wachstum. In diesen Übergängen möchten wir gern für dich da sein. Daher zeigen wir uns dir, damit du dich traust, den Schritt zu machen, dich ganz für dich, für dein gesamtes Selbst mit allem, was dies umfasst, zu entscheiden. Wir möchten, dass du alle Teile von dir selbst lieben kannst, so wie wir es tun, und einsiehst, dass die Kleinigkeiten, denen du im Leben so viel Wert beimisst, tatsächlich durch dein wahres Selbst ersetzt werden können. Lebe!

Die Engel können sich auf unzählige Weisen und in unterschiedlichen Formen, Farben und Qualitäten zeigen. Es ist wichtig, dass jeder Einzelne seine eigene Art findet, mit den Engeln zu kommunizieren, unabhängig davon, wie andere dies tun. Hoffentlich hast du schon deinen Weg dafür gefunden. Wahrscheinlich gibt es über die erwähnten Varianten hinaus viele weitere, wie sie mit dir kommunizieren. Oder hast du vielleicht noch nicht ganz deine individuelle Sprache gefunden?

Deine Vision

wird nur klar werden, wenn du
in dein Herz schaust.
Wer nach draußen sieht, träumt.
Wer nach innen schaut, erwacht.

Carl Gustav Jung (1875–1961)

Kapitel 3

Finde deine Sprache

Viele Menschen, die Engel-Erlebnisse haben, beginnen im Nachhinein daran zu zweifeln, obwohl die Erlebnisse zum Zeitpunkt ihres Eintreffens für sie bedeutend waren. Was die Wahrheit angeht, vertrauen sie nicht auf ihr inneres Wissen, sondern suchen die Bestätigung außerhalb ihrer selbst. Sie erfahren vielleicht, dass ihr Erlebnis nicht so war, wie sie es in Büchern oder im Internet gelesen haben, und folglich deuten sie es als etwas anderes als ein echtes Engel-Erlebnis. Manchmal hinterfragen sie sogar, ob es überhaupt geschehen ist, bestärkt vielleicht auch durch den Zweifel von jemandem, dem sie davon erzählt haben.

Kontakt mit den Engel aufzunehmen, ist wie eine Sprache zu entdecken, die du eine Zeit lang nicht genutzt hast. Du brauchst eine Weile, bis alle Vokabeln wieder im Bewusstsein sind, und nicht zuletzt dafür, dich an die grammatischen Zusammenhänge zu erinnern. Oftmals ist es schwer, eine Sprache gut zu lernen, wenn man nicht im betreffenden Land ist. Hört man sie aber täglich um sich herum und benutzt sie, macht man schnell Fortschritte. Das Gleiche trifft auf deine innere Sprache zu: Wenn du sie eine Weile nicht gebraucht hast, kann es einige Zeit dauern, bis du sie wieder fließend beherrschst. Aber die einzige Möglichkeit, sie wiederzuentdecken, besteht darin, sie zu verwenden, damit sie für dich verständlicher wird.

🌙 Die doppelten Sinne

Viele Menschen haben die Vorstellung, dass sie die Engel in einer physischen Gestalt sehen werden. Es gibt Einzelne, die das auch tun. Ja, die meisten, die von ihren Engel-Erlebnissen erzählen, sehen die Engel physisch. Aber das ist nicht bei allen so. Momentan erleben wir die Engel zum Beispiel nur mit unseren doppelten Sinnen und nicht als eine physische Größe. Und wir stehen unablässig mit ihnen im Kontakt. Den Engeln auf der energetischen Ebene zu begegnen, ist ebenso wertvoll, wie sie auf der physischen Ebene zu treffen. Erneut ist es nur dein Ego, das dir einzureden versucht, diese Form sei wichtiger oder besser als die andere. Ungeachtet dessen, welchen Sinnesapparat du verwendest, um mit den Engeln zu kommunizieren, sind immer ein Sinn oder auch mehrere Sinne dominant. Wir wollen dir ein Beispiel geben:

Angenommen, du stehst mit ein paar Freunden an einer Straße und siehst, wie zwei Autos kollidieren. Einer deiner Freunde, der eher *visuell* wahrnimmt, wird den Unfall im Hinblick auf das Gesehene beschreiben: Das heißt, er benennt die Farben und Marken der Autos; er erwähnt die Bremsspuren und wie das eine Kraftfahrzeug langsam in das andere geschlittert ist; er wird erklären, dass die Fahrerin des einen Wagens sehr ängstlich aussah und dass der Mann am Steuer des anderen Autos direkt in dem Moment aufschaute, als es krachte. Dein Freund hat gesehen, dass die Tür aufging und der Mann mit wütender Miene ausstieg, bevor er ans Fenster des anderen Unfallwagens klopfte und die Frau bat, die Scheibe herunterzulassen; und während er redete, begann der Mann, auf die Motorhaube zu trommeln. Der Freund, der dies erklärt, wird Engel nur als eine Figur sehen, als ein weißes oder farbiges Licht oder etwas anderes Visuelles, das nur er wahrnimmt.

Eine andere Freundin ist eine *auditive* Person, nimmt also überwiegend akustische Reize wahr und wird die Situation anhand des Gehörten schildern: Das heißt, sie wird erzählen, wie die Reifen quietschten und dass der Zusammenprall sehr laut war. Die Frau in dem Auto muss einen Schrei ausgestoßen haben, denn ihr Mund war weit geöffnet. Nachdem der Mann seine Autotür geöffnet hatte, knallte er sie wieder zu und stapfte mit festen Schritten zum Wagen der Frau, bevor er an die Fensterscheibe hämmerte und sie in unüberhörbarer Lautstärke bat, die Scheibe herunterzulassen. Deine Freundin wird fast wörtlich wiedergeben können, was der Mann zu der Frau gesagt hat. Wer den Unfallhergang so erklärt, wird wahrscheinlich ein auditives Erlebnis mit Engeln haben, das heißt Worte oder Töne hören; das können ein ganzer Chor, eine einzelne Stimme oder ein Flüstern sein.

Eine dritte Freundin zählt zu den *kinästhetischen* Typen und wird das Geschehen erklären, indem sie Gefühle beschreibt: Sie hatte das Gefühl, die Frau versuchte gerade noch, einen Zusammenstoß mit dem anderen Auto zu vermeiden. Ihrem Erlebnis zufolge blieb die Frau sitzen und grämte sich, während der Mann aus seinem Wagen sprang. Die Luft zwischen den beiden bebte förmlich, bevor er ans Autofenster klopfte und sie mit einer barschen Handbewegung aufforderte, die Scheibe herunterzulassen. Als er die arme Frau anschrie, empfand deine Freundin dies wie eine geballte Faust im Magen. Diese Person wird die Engel vielleicht wie Wärme oder Kälte, wie einen Windhauch oder ein Kribbeln auf der Haut, als besondere Körpersensation erleben: dass sich zum Beispiel die Haare aufstellen, ein Beben durch den Körper strömt, eine Ruhe im Körper einzieht, der Kopf sticht, der Herzschlag beschleunigt wird – oder etwas ganz anderes, wie nur jeder Einzelne diesen Kontakt erleben kann –, oder durch ein spezifisches Gefühl, zum Beispiel das Gefühl einer zärtlichen Gegenwart oder Freude.

Geruch und Geschmack sind oftmals nicht so auffällig wie diese drei zuerst genannten Sinneswahrnehmungen, doch sie sind selbstverständlich ebenfalls beteiligt. Personen, bei denen Geruch oder Geschmack der dominante Sinn ist, würden die Kollision aus dieser Perspektive heraus beschreiben.

Wir erleben die physische Welt mit all unseren Sinnen. Mag der eine auch dominant sein, so sind die anderen Sinne dennoch beteiligt. Obwohl du vielleicht eine hauptsächlich visuelle Person bist, wirst du natürlich hören, was jemand zu dir sagt. So ist das auch mit den doppelten Sinnen, aber vielleicht hast du sie eine Weile nicht eingesetzt und bist ein bisschen aus der Übung? Wenn man sie die ersten Male wieder bewusst nutzt, wird deshalb oft die dominante Art der Aufnahme von Eindrücken eventuell auch die einzige sein. Das heißt, du magst dann nur den Funken eines blauen Lichts zu sehen bekommen – und schon ist es wieder verschwunden. Oder du empfindest für einen kurzen Augenblick das Gefühl von Frieden – und schon ist es wieder weg. Du wünschst dir wahrscheinlich, dass mehr davon kommt, und nach und nach wird es das auch. Freu dich, sei dankbar für die Eindrücke und lass dein Herz und die Engel damit fortfahren, mit dir zu kommunizieren!

Wie schön ist es außerdem, dass die doppelten Sinne selbst dann funktionieren, wenn zum Beispiel das Sehvermögen geschwächt ist. Ja, sogar wenn du blind bist, kannst du mit den doppelten Sinnen Engel oder Bilder sehen. Und auch wenn du taub bist, kannst du die Worte der Engel hören. Daher erlebst du die Engel mit den doppelten Sinnen nicht unbedingt in der gleichen Weise, wie es bei dir in der physischen Welt der Fall ist. In der physischen Welt magst du zum Beispiel eine visuelle Person sein, doch die Engel nimmst du womöglich hinsichtlich deiner doppelten Sinne dennoch von deinen Gefühlen her – ohne Bilder – wahr.

❥ Die doppelten Sinne erfahren

Zu erforschen, wie deine doppelten Sinne funktionieren, ist ein guter Anfang. Wir gehen davon aus, dass du weißt, wie du die physischen Sinne gebrauchst, da sie ja unablässig aktiv sind. Aber es ist entscheidend, herauszufinden, wie du vor allem mit dir selbst kommunizierst, und anschließend, wie du auf deine individuelle Weise mit den Engeln kommunizierst. Lass uns entdecken, wie deine doppelten Sinne mit dir kommunizieren. Die folgende Meditation nimmt dich mit auf eine Reise durch die verschiedenen doppelten Sinne, sodass du sie leichter wiedererkennst und den Antworten vertraust, die du später bekommst.

Wir nutzen das Herz, um mit dem Körper in Kontakt zu gelangen. Weil der Puls über den Blutkreislauf durch den gesamten Körper geht, können wir den Herzschlag im ganzen Körper erleben. Mit dem Herzen zu arbeiten, ist daher eine gute Möglichkeit, das Körperbewusstsein zu steigern und gleichzeitig die doppelten Sinne zu erfahren.

- Setz dich aufrecht und bequem hin und atme tief ein. Atme aus, was du in diesem Moment loslassen kannst, und atme deine eigene Essenz ein.
- Leg eine oder beide Handflächen auf dein Herz.
- Spür nach, wo in deinem Körper du dich in diesem Moment befindest.
- Hör auf dein Herz. Welche Reaktion löst das Pochen des Herzschlags im Körper aus? Ist es ein dumpfer oder ein heller Ton? Ist es ein lautes oder ein leises Geräusch? Vernimmst du den Herzschlag sogar bis an die Oberfläche deiner Haut oder endet er an einer Stelle mittendrin? Oder hörst du deine Herzschläge vielleicht überhaupt nicht? Nimm dir Zeit, eine Weile deinem Herzschlag zu lauschen. Was auch immer du erlebst, akzeptiere es und danke deinem Herzen für die Information.
- Spür nach, wie sich die Herzschläge im Körper anfühlen. Spürst du sie im ganzen Körper oder nur in Teilen des Körpers? Ist es eine Welle, die sich im Körper ausbreitet, oder geht der Körper bei jedem Pulsschlag mit? Vielleicht erlebst du etwas komplett anderes. Auch das ist in Ordnung und eine Information über dich selbst an dich selbst. Bleib sitzen und spür eine Weile deinen Herzschlägen nach.
- Wie sehen die Herzschläge in deinem Körper aus? Haben sie eine Farbe? Haben sie eine Form? Denk daran: Wie auch immer die Information lautet, vertraue darauf, ohne zu urteilen. Bleib sitzen und sieh deinen Herzschlägen eine Weile zu.
- Haben deine Herzschläge einen speziellen Duft? Denk daran: Alles ist nur deine Art zu kommunizieren, nichts ist merkwürdig oder falsch. Das geschieht ausschließlich, damit du dir deiner doppelten Sinne bewusst wirst. Alles ist richtig und genau so, wie es sein soll. Rieche deine Herzschläge für eine Weile.
- Hat dein Herzschlag einen speziellen Geschmack? Genieße diesen Geschmack für eine Weile. Verändert er sich vielleicht allmählich, nachdem du auf ihn aufmerksam geworden bist?

- *Atme alles aus, was sich löst und was sich zurückzuziehen beginnt, wenn du deine Aufmerksamkeit auf deinen Körper und dein Herz richtest. Atme deine eigene Essenz ein und nimm mit deiner ganzen Größe und deinem Klang den Raum ein.*
- *Danke deinem Herzen für die Information. Danke deinem Körper und danke dir selbst für die Schritte, die du gemacht hast. Sobald du bereit bist, öffne deine Augen.*

Vielleicht hast du im Körper ein Gefühl von Wärme oder Kälte wahrgenommen? Eventuell hat es zu kribbeln angefangen? Oder du hast Schmerzen gespürt? Der Körper reagiert in vielfältiger Weise, wenn wir den Kontakt mit ihm aufnehmen. Versuche, deine Aufmerksamkeit auf die Reaktionen deines Körpers zu richten. Macht sich dein Magen bemerkbar? Viele hören ein Grummeln im Magen, wenn sie beginnen, wieder in Kontakt mit ihrem Körper zu kommen, und es ist ihnen geradezu peinlich, weil sie gelernt haben, dass der Magen keine Geräusche von sich geben soll. Für uns ist dieses Grummeln Musik. Es ist der Körper, der zeigt, dass er Blockaden loslässt und sich wohlfühlt. Also lass den Magen grummeln und betrachte es als eine Antwort deines Körpers. Erforsche selbst, wie dein Körper reagiert. Indem du ihm wieder zuhörst, kann eine ganz neue Zusammenarbeit entstehen.

Du hast jetzt die Möglichkeit gehabt, zu erleben, wie die unterschiedlichen doppelten Sinne mit dir kommunizieren. Falls du nicht von allen eine Antwort erhalten hast – kein Problem! Es kann sein, dass du lange Zeit deinen Körper nicht erlebt und den doppelten Sinnen nicht zugehört hast. Daher müssen sie nicht unbedingt mit einem Mal zu dir strömen, wenn du es jetzt versuchst. Das ist kein Grund, aufzugeben. Du hast den Prozess bereits in Gang gesetzt. Beim nächsten Mal kann es vollkommen anders sein.

🍎 Kontakt mit dem Herzen

Jetzt gehen wir einen Schritt weiter und entdecken, wie dein Herz mit dir kommuniziert. Wir erforschen den Ort, an dem sich deine Wahrheit befindet. Denk bei dieser Übung daran: Was auch immer passiert – es ist in Ordnung. Wenn es auch nur der Schimmer eines Gefühls oder einer Gewissheit ist, hast du die Aufgabe erfüllt. Akzeptiere, wo du dich befindest und wer du gerade bist. Indem du dich dem Kontakt deines Herzens öffnest, ist es leichter, dich für den Kontakt mit den Engeln zu öffnen, denn auch sie kommunizieren durch das Herz mit uns. Je mehr du auf deine eigene Wahrheit im Herzen hörst, desto einfacher wird es, dich für die Engel zu öffnen.

Welche Sprache verwendest du, um deine innere Wahrheit zu erleben? Hörst du Worte oder Töne? Siehst du Farben, Licht oder Formen? Vernimmst du ein Gefühl? Oder *weißt* du einfach? Bekommst du einen bestimmten Geschmack oder Geruch als Antwort? Lass uns herausfinden, was in der Begegnung mit dem Herzen deine Sprache ist.

- *Setz dich aufrecht und bequem hin und atme tief ein und aus. Bei jedem Ausatmen lässt du alles los, was du von deiner Energie und der Energie anderer nicht benötigst. Bei jedem Einatmen atme deine eigene Essenz ein.*
- *Leg eine oder beide Handflächen auf dein Herz.*
- *Spür nach, wo im Körper du dich in diesem Moment befindest.*
- *Nimm Kontakt mit deinem Herzen auf und frag es, ob es dir jetzt etwas mitteilen möchte. Warte die Antwort ab; denk daran, dass sie auf ganz unterschiedliche Weisen erfolgen kann. Nimm sie willig und freudig entgegen, auch wenn sie vielleicht nur ein kleiner Hauch ist.*
- *Frag dein Herz, ob es einen bestimmten Ort gibt, von dem aus es schön ist, Kontakt mit deinem Herzen aufzunehmen.*
- *Frag, ob es eine bestimmte Tageszeit gibt, zu der es dir anfangs leichter fällt, diesen Kontakt zu haben.*
- *Frag dein Herz, was auch immer du möchtest, und vertrau auf die Antwort, die du bekommst ...*
- *Danke deinem Herzen für die Kommunikation. Danke deinem Körper. Danke dir selbst für die Schritte, die du gemacht hast. Sobald du dazu bereit bist, öffne deine Augen.*

Der Zweck der Übungen, mit dem Herzen in Kontakt zu kommen, liegt darin, dies auf deine eigene Weise zu tun, denn deine Art ist einzigartig und ebenso wertvoll wie jede andere. Es kann sein, dass du in dir eine harmonische Stimmung, Wärme oder Kälte verspürt hast. Vielleicht hast du für eine Sekunde oder einen längeren Zeitraum ein farbiges Licht gesehen? Auch das ist eine Antwort. Was bedeutet das farbige Licht für dich? Welches Gefühl löst es in dir aus? Vielleicht hast du ein paar Worte gehört oder wusstest einfach eine Antwort? Egal mit welchen Sinnen du die Antwort erlebt hast, sei dir sicher, das war die Antwort. Vertraue darauf, und akzeptiere es in seiner schlichten Größe.

Antworten

Es ist also nicht notwendig, klare Antworten in Form von Bildern zu erhalten, auch wenn die Ansicht sehr verbreitet ist, dass das Sehen von Bildern die einzige Art sei, Informationen zu empfangen.

ELISABETH: In dem Kurs, in dem Märtha und ich uns kennenlernten, arbeiteten wir mit verschiedenen spirituellen Methoden wie Reading* und Healing. Das war eine herrliche Zeit, in der ich eine Menge gelernt habe. Es war toll, mit anderen Menschen zusammen zu sein, welche die Wirklichkeit ähnlich wie ich selbst erlebten. Beim Reading, einer Kommunikation von Seele zu Seele, wurde der Fokus stark auf das Sehen von Bildern ausgerichtet. Viele der Schüler und Lehrer sahen es beinahe wie ein Film, wenn sie einen anderen Menschen lasen: detaillierte Bilder und eine Fülle von Farben. Ich sah überhaupt nichts. Das beschäftigte mich fast ein Jahr lang, ich fühlte mich schlecht und wenig wert. Jeder sagte mir, bald würde auch ich Bilder sehen, wenn ich nur noch ein bisschen mehr arbeiten, nur noch ein bisschen mehr meditieren würde. Ich versuchte es x-mal und empfand mich selbst als immer weniger wert. Eines Tages während eines Readings war es, als würde ich eine Stimme hören, die sagte: Vertraue auf das, was du weißt, vertraue auf das, was du fühlst. Dann begann ich zu sprechen und es kamen viele Informationen heraus, die exakt auf den Betreffenden, mit dem ich das Reading machte, zutrafen. Das war für mich ein großartiges, befreiendes Erlebnis. Die Kehrtwende setzte tatsächlich damit ein, dass ich darauf zu vertrauen lernte, was zu mir kam. Meine Reading-Sprache ist es, zu fühlen, zu wissen und zu hören. Dabei ist meine eigene Sprache genauso wertvoll wie die anderer, und für mich ist es lebenswichtig, ihr zuzuhören.

Diese Antworten erfordern oftmals keine komplizierten Auslegungen, sie sind vielmehr direkt und leicht zu verstehen. Viele sind der Ansicht, das sei zu einfach, zu eindeutig, und denken, es müsse doch etwas Komplizierteres als das sein. Die Wahrheit ist häufig einfach und direkt. So direkt, dass es unangenehm sein kann. Daher schieben wir Probleme auf oder reihen uns selbst in die Warteschleife ein, denn so schlecht geht es dir nicht, dass du etwas ändern müsstest, oder?

Du weißt, was du hast, aber nicht, was du bekommen wirst. Das ist eine der vielen Varianten, Entschuldigungen zu finden, die dich daran hindern, den nächsten Schritt zu machen.

Finde heraus, was dich dort festhält, wo du
dich gerade befindest.

Manch einer wird von der umgehend eintreffenden Antwort überrascht.
Denn ja, sie kann sehr schnell kommen. Oftmals so schnell, dass du
sie schon kennst, noch ehe du die Frage formuliert hast. Insofern wird
die Antwort allzu leicht übersehen, denn wir sind es gewohnt, uns auf
dem Weg zu unseren Zielen abzumühen. Also entgeht dir die Antwort.
Dann sitzt du da und wartest auf etwas, das du bereits erhalten hast,
und bist enttäuscht, weil es anscheinend nicht eintrifft.

Ebenso gut ist es möglich, dass du die Antwort, die du erhalten hast,
bereits wusstest und du dich daher entscheidest, sie zu übersehen, denn
die Antwort deines Herzens muss doch etwas ganz Essenzielles sein,
nicht wahr? Und genau so ist es: Oftmals kennen wir bereits die Antwort auf etwas Wesentliches in unserem Leben, entscheiden uns aber,
es zu missachten oder es vor uns her zu schieben, ohne es anzunehmen.

Das Herz spricht deine Wahrheit aus.
Es ist an dir, zu entscheiden, ob du darauf
hören und dein Leben dementsprechend
leben möchtest oder nicht. Wofür entscheidest du dich?

Ich sah sie mit den Augen

meines Körpers ebenso klar, wie ich
dich sehe. Und als sie mich verließen,
weinte ich und wünschte mir,
sie würden mich mitnehmen.

Jeanne d'Arc (1412–1431)

Kapitel 4

Begegnungen mit Engeln

Nachdem du jetzt die Möglichkeit hattest, die unterschiedlichen Varianten zu entdecken, mit denen du auf dein Herz hören kannst, ist es an der Zeit, den nächsten Schritt zu machen und den Engeln zu begegnen.

Weil die Engel seit jeher in heiligen Schriften geschildert wurden, neigen wir oft zu dem Wunsch, die gleichen Antworten zu erhalten wie jene, zu denen wir aufsehen. Wir möchten gern die großen Offenbarungen haben – lebensverändernde Offenbarungen, bei denen die Engel ganz physisch im Raum stehen und es jenseits allen Zweifels ist, dass wir Kontakt haben. Oder indem die Engel eine lebensbedrohliche Krankheit heilen, sodass jeglicher Zweifel erlischt, ob sie für uns da sind. Einige haben derart fantastische Erlebnisse. Das ist inspirierend und gibt uns Hoffnung. Wenn du aber deinen Engelkontakt so erleben willst, wie andere es tun, und die Engel so sehen möchtest, wie es – laut den Büchern oder nach dem Hörensagen zu urteilen – andere tun, dann entgeht dir deine individuelle, wertvolle Art und Weise, den Engeln zu begegnen.

Siehst du dein Erlebnis als weniger wichtig
als das der anderen an?

Nur wenige von uns haben gleich bei der ersten Begegnung mit den Engeln eine Offenbarung. Wie bei allem anderen im Leben ist Übung meist hilfreich. Obwohl es vielleicht keine Offenbarung ist, kann das Erlebnis tiefgreifend sein und dich stark berühren.

Oft werden wir von unseren eigenen Erwartungen an die Begegnung mit Engeln irregeleitet. Wir stellen uns vor, wie wir sie sehen werden, denn die meisten wollen sie doch sehen; alles andere gilt als minderwertig, wie man weiß. Wir denken uns Möglichkeiten aus, wie sie sich zeigen werden. Nehmen wir die Engel nicht in ihrer ganzen Pracht leuchtend im Raum, mit Trompetenfanfaren und ganz klarer Botschaft wahr, ist es kein echtes Erlebnis, glauben wir. Das ist ein bisschen so, wie wenn Märtha im Rahmen offizieller Anlässe Kinder trifft.

MÄRTHA: Bei offiziellen Terminen, zum Beispiel beim Besuch eines Heims für Behinderte oder einer Sportveranstaltung, trage ich selten ein Galakleid mit Orden und Diadem. Für einige Kinder kann das schwer zu verstehen sein, wenn sie für ein Foto von ihren Müttern verzückt in meine Richtung geschoben werden. Oft bleiben die Kinder direkt vor mir stehen und schauen sich verwirrt um: »Aber Mama, wo ist die Prinzessin?« »Sie steht direkt vor dir«, antwortet die Mutter dann gequält, »stell dich jetzt neben sie, damit ich ein Bild von euch machen kann.« Anschließend wird sich das Kind auf der Jagd nach Samt und Spitze – wenigstens einer kleinen Goldkrone – umschauen. Und das kleine Mädchen dreht sich wieder zu seiner Mutter um, die mit einer im Gesicht aufsteigenden, kleidsamen Röte auf mich zeigt. Der Gesichtsausdruck wechselt von Entzückung zu Enttäuschung, wenn dem Kind klar wird, dass es tatsächlich die Prinzessin ist, die vor ihm steht. Keine Krone, kein tolles Kleid. Nur eine gewöhnliche Frau mit ein paar Blumen in der Hand. Die Prinzessin bin einfach nur ich.

So kann das auch in der Begegnung mit Engeln passieren: dass wir komplett andere Erwartungen haben, was bei der Begegnung geschehen wird, als es tatsächlich der Fall ist. Du hast vielleicht irgendwo gelesen, der Erzengel Michael sei in Blau gekleidet, habe mit Gold überzogene Flügel und eine lilafarbene Aura. Aber es kann ebenso gut sein, dass du dem femininen Aspekt von Michael begegnest und er dir in rosafarbener, gelber oder grüner Kleidung erscheint. Oder es kann sein, dass du Michael überhaupt nicht siehst, sondern stattdessen Töne hörst oder ein Gefühl seiner Präsenz verspürst. Und weißt du was? Das ist genauso wertvoll wie alle anderen Arten, ihm zu begegnen.

Hab also bitte im Voraus keine bestimmten Erwartungen, damit die Engel die Chance bekommen, dir in der Weise zu begegnen, wie sie es wollen. Nicht dass es dir ergeht wie dem Mädchen in der oben erzählten Geschichte, das alle Stufen durchlaufen musste, um das Unausweichliche zu entdecken: dass Märtha nicht so ist, wie vom Kind erwartet. Lass die Engel genau so zu dir kommen, wie sie in dem Moment sind, in dem du Kontakt mit ihnen aufnimmst.

Erwartungen an die Begegnung mit den Engeln zu haben, ist ganz natürlich, aber es verrät auch, dass du nicht vollkommen in der Gegenwart anwesend bist, sondern leicht in die Zukunft gezogen werden kannst. Wie könntest du sonst vor dir sehen, wie die Begegnung sein wird? Sei in der Begegnung mit den Engeln im Hier und Jetzt präsent.

Um hier und jetzt in deinen Körper und in den Kommunikationsfluss mit deinem eigenen Herzen und mit den Engeln zu kommen, können wir die Basismeditation »Geschenk an dich selbst« (S. 109) üben, die zur Ausbildung bei Astarte Education gehört. (Falls du den Aufbau nicht kennst, kannst du im Buch »Schutzengel begleiten dich« mehr darüber nachlesen.) Diese Meditation ist das Fundament unserer spirituellen Selbstentfaltungsarbeit und eine schöne Methode, in seinem eigenen Körper anzukommen und in Fluss zu gelangen. Um den Engeln begegnen zu können, ist es wichtig, in seinem Körper anwesend zu sein. So können alle Anteile, aus denen wir bestehen, an der Begegnung teilnehmen, sowohl unser physischer als auch unser energetischer Aspekt, Körper und Seele.

MEDITATION: Geschenk an dich selbst

- *Setz dich aufrecht und bequem hin, schließ die Augen und atme ein paarmal tief ein und aus.*
- *Lass los, was du gerade eben getan hast und was du noch tun musst, und komm im Hier und Jetzt an.*
- *Lass deine Aura eine Armlänge von deinem Körper entfernt einrasten.*
- *Spür nach, wo in deinem Körper du dich gerade befindest. Atme dabei Widerstand aus und mehr von dir selbst und deiner eigenen Energie ein.*
- *Leg eine oder beide Handflächen auf dein Herz. Werde dir deines Herzschlags im Körper bewusst.*
- *Frag dein Herz, ob es dir jetzt etwas mitteilen möchte.*
- *Sende einen Herzschlag bis tief ins Herz der Erde hinab und empfange die Antwort in deinem Herzen. Du weißt, zwischen dem Herzen der Erde und deinem Herzen besteht ein kontinuierlicher Fluss und Energieaustausch.*
- *Sende einen Herzschlag ins Herz des Universums hinauf und warte auf die Antwort in deinem Herzen. Wie du weißt, besteht ein kontinuierlicher Fluss und Energieaustausch zwischen dem Herzen des Universums und deinem Herzen.*
- *Werde dir bewusst, wie sich deine persönliche Energie mit der Energie der Erde und der universellen Energie in deinem Herzen vermischt. Spüre, wie die Kommunikation zwischen deinem Herzen, dem Herzen der Erde und dem Herzen des Universums sich in einer Säule vereint: Sie schafft eine Ganzheit, eine Verbindung zwischen Himmel und Erde – mit deinem Herzen als Bindeglied.*
- *Lass jetzt die drei Energien in deiner Herzensquelle eins sein und dein Herz fluten. Wenn es gefüllt ist, lass die Energien in den Körper*

strömen und jede einzelne Zelle, vom Rückenmark bis zur äußersten Hautschicht, erfüllen. Empfange wirklich.

- Ist der Körper gesättigt, lässt du die Energien hinaus in die Aura strömen, um auch sie zu nähren.
- Ist die Aura gefüllt, lässt du den Energieüberschuss entlang der Außenseite der Aurahülle fließen, um sie zu reinigen, und dann entlang dem Erdungskanal nach unten zum Herzen der Erde.
- Sei mit deinem Bewusstsein im Herzen. Deine unerschöpfliche Quelle kommuniziert mit der Erde und dem Universum, sie spendet dem Herzen, dem Körper und der Aura Nahrung. Der Energieüberschuss fließt entlang der Außenseite der Aura hinab zum Herzen der Erde.
- Bleib so sitzen und sei weiterhin mit dem Bewusstsein im Herzen. Während du die Energien in den Körper und die Aura strömen lässt, kommuniziert dein Herz mit dem Herzen der Erde und dem Herzen des Universums. Beschenke dich eine Zeit lang selbst.

- Während du so sitzt und dich selbst beschenkst, passiert es oft, dass Gefühle, Ereignisse, Widerstand und anderes ins Bewusstsein gelangen. Nimm, was auch immer es ist, in dein Herz auf und lass es den Erdungskanal hinabgleiten. Denk daran, alles was ins Bewusstsein gelangt, auszuatmen und mehr von dir selbst und deiner Energie einzuatmen.

- Richte deine Aufmerksamkeit erneut auf dein Herz, das mit dem Herzen der Erde und dem Herzen des Universums verbunden ist. Nimm dir vor, dich auch nach der Meditation weiter zu beschenken.

- *Danke dir selbst für die Schritte, die du gemacht hast. Danke dem Körper, der Erde und dem Universum für ihre Geschenke an dich.*
- *Sobald du bereit bist, öffne deine Augen.*

Wenn du die Ruhe gefunden hast und mehr in deinem Körper angekommen bist, ist es an der Zeit, den Engeln zu begegnen. Die Engel sind ein Teil der universellen Liebeskraft und besitzen ihre einzigartige Schwingungsfrequenz. Wir begegnen ihnen ausgehend von unserem jeweiligen Standpunkt mit unserem individuellen Hintergrund. Daher wird jeder von uns den gleichen Aspekt der universellen Liebeskraft – oder den gleichen Engel – in unterschiedlicher Weise erleben. Würden wir mehrere Menschen danach fragen, was sie mit der Farbe Blau assoziieren, würden einige an »das Meer« oder »den Himmel«, andere an »Eis und Schnee«, wieder andere an »Hoffnung« denken; manche würden »die Arbeitshose meines Vaters« oder »die Augen meines Enkelkinds« antworten. Obwohl die Leute unterschiedliche Antworten geben, bleibt es dennoch dieselbe Farbe, auf die sie sich beziehen. So ist das auch mit den Engeln. Je weniger du über den Engel weißt, dem du begegnen wirst, desto besser. Dann umgehst du es, dich durch die Informationen hindurcharbeiten zu müssen, die dir andere über ihn gegeben haben, bevor du deine eigenen findest.

Deshalb kommt hier die Begegnung mit dem jeweiligen Engel *vor* der Information über ihn. Wenn du dem Engel auf deine Weise begegnet bist, sodass du über deine eigene Information verfügst, machen wir nähere Ausführungen zu den einzelnen Engeln. Die Meditation für die Begegnung mit den Engeln kannst du für jeden Engel verwenden, mit dem du kommunizieren möchtest. Wir haben in diesem Buch die Engel aufgenommen, die dabei sein wollten, aber es gibt viele mehr, die es sich unbedingt kennenzulernen lohnt. Wir hoffen, die Begegnungen inspirieren dich, mit den Engeln Kontakt aufzunehmen, die an deinem Leben teilhaben, egal welche Engel dies sein mögen.

Bitte bedenke: Wenn wir eventuell einen Engel als »er« oder »sie« bezeichnen, kann es ebenso gut sein, dass du diesen Engel als den jeweiligen »Gegenpol« erlebst. Oder der Engel wirkt auf dich von vorn gesehen männlich, aber von hinten betrachtet weiblich. Das mag etwas verwirrend sein, ist aber selbstverständlich gleich richtig, denn sie sind androgyn und tragen somit beide Aspekte in sich. Fahre also ungeachtet dessen damit fort, dem Engel aus deiner Perspektive heraus zu begegnen. Wir beschreiben den Engel als »er« oder »sie« ausschließlich aus dem Grund, weil wir ihn in dieser Weise sehen.

Das Gleiche gilt für Farben, Formen und Informationen. Genauso ist es vollkommen gleichgültig, was *wir* meinen, falls deine Information eine andere ist. Vertraue darauf. Was wir über die einzelnen Engel schreiben, ist also nicht das Nonplusultra, denn das gibt es nicht. Die Begegnungen mit den unterschiedlichen Engeln sind einzigartig, und deren Anzahl wiederum ist unendlich. Daher sind deine Information und deine Begegnung ebenso bedeutsam wie die Informationen von uns oder anderen. Behalte dies in Erinnerung!

Erzengel Michael

*Wenn du Erzengel Michael
kennenlernen möchtest,
gibt dir diese Meditation die
Möglichkeit dazu. Wir hoffen,
deine Begegnung mit Michael
ist eine Bereicherung.*

MEDITATION

- *Setz dich aufrecht und bequem hin und atme tief ein und aus. Bei jedem Ausatmen lässt du los, was du von deiner und der Energie anderer nicht benötigst. Bei jedem Einatmen atme deine eigene Essenz ein.*
- *Leg eine oder beide Handflächen auf dein Herz.*
- *Spür nach, wo in deinem Körper du dich in diesem Moment befindest.*
- *Nimm Kontakt mit deinem Herzen auf und frag es, ob es dir jetzt etwas mitteilen möchte. Warte die Antwort ab; denk daran, dass sie auf ganz unterschiedliche Weisen erfolgen kann. Nimm sie willig und freudig entgegen, auch wenn sie vielleicht nur ein kleiner Hauch ist.*
- *Lass dein Herz in die Kommunikation mit dem Herzen der Erde und dem Herzen des Universums treten. Spüre, wie sich die drei Energien in deinem Herzen vereinen und eine Säule bilden: eine Verbindung zwischen Himmel und Erde, in der du das Zentrum bildest.*
- *Lass deine Aura eine Armlänge von deinem Körper entfernt einrasten.*
- *Beginne dich selbst zu beschenken: In Verbindung mit Himmel und Erde, lass deine Essenz dein Herz erfüllen, anschließend deinen Körper, um dann in die Aura zu strömen. Der Überschuss fließt entlang der Außenseite der Aurahülle und reinigt sie; dann strömt er klärend entlang dem Erdungskanal nach unten zur Mitte der Erde.*
- *Verweile etwas in diesem Austausch, dem Fluss, bei dem du dich konstant selbst beschenkst und der Überschuss nach unten zur Mitte der Erde fließt.*
- *Löse dich von allen alten Bildern und Informationen anderer über Erzengel Michael. Komm im Augenblick an.*
- *Lass Erzengel Michael an der Außenseite deiner Aura vor dir aufleuchten oder erscheinen.*

- *Werde dir bewusst, wie du ihn oder sie erlebst. Siehst du eine Gestalt, ein Licht, eine Farbe? Hörst du Worte? Vernimmst du einen Duft? Fühlst du eine Gegenwart, spürst du eine Berührung*, empfindest du einen Windhauch, Wärme oder Kälte, erlebst du ein Zittern auf der Haut oder im Kopf? Oder WEISST du einfach?*
- *Erlaube dir selbst, Michael exakt in deiner Art und Weise zu begegnen; es gibt kein Richtig oder Falsch.*
- *Atme eventuell auftauchende Hindernisse oder Unbehagen aus. Beschenke dich selbst, indem du empfängst.*
- *Erlebst du Michael als maskulin oder feminin?*
- *Bitte Michael, sich herumzudrehen, damit du ihn oder sie von allen Seiten erlebst. Werde dir bewusst, ob Michael den Charakter ändert, wenn er oder sie sich dreht.*
- *Frage, ob Michael etwas in den Händen hält. Wenn dem so ist, lass dir von Michael zeigen, wofür man es verwendet.*
- *Frage vom Herzen ausgehend: Gibt es etwas, das der Engel dir in diesem Moment sagen möchte? Lass die Antwort auf deine Weise, in deiner Sprache, in deinem Tempo zu dir kommen.*
- *Frage vom Herzen ausgehend, ob es einen bestimmten Ort gibt, an dem du leichter in Kontakt mit Michael treten kannst.*
- *Frage vom Herzen ausgehend, ob es eine bestimmte Tageszeit gibt, zu der du leichter in Kontakt mit Michael treten kannst.*
- *Frage, was auch immer du möchtest, und empfange die Antwort auf deine individuelle Weise.*
- *Danke Erzengel Michael für die Begegnung und lass los. Verabschiede dich. Denk daran, dass dir diese Kommunikation zugänglich ist, sooft du es wünschst.*
- *Danke dir selbst für den Schritt, den du gemacht hast; danke der Erde und dem Universum.*
- *Sobald du dazu bereit bist, öffne deine Augen.*

Gestatte dir selbst, in dem Erlebnis, das du soeben hattest, anwesend zu sein. Lass die Vernunft noch einen Moment lang ruhen. Trau dich, einen spirituellen Raum zu erschaffen, in dem die Begegnungen mit den Engeln in der einzigartigen göttlichen Frequenz, in der sie erschaffen sind, schwingen können. Diese Meditation ist eine fantastische Möglichkeit, tiefer in die Kommunikation mit den Engeln und der Kraft deiner Seele zu treten.

So einfach die Meditation ist, so sehr geht sie doch in die Tiefe, wenn du dich dem öffnest und es zulässt. Erneut ist es deine Entscheidung. Trau dich, sie in Leichtigkeit und Liebe zu erschaffen.

Da du jetzt erlebt hast, wer Michael ist, möchten wir dir mehr Informationen über ihn geben. (Aber denk daran, wenn du etwas komplett anderem begegnet bist, ist das genauso richtig!) Der Name Michael bedeutet »Wer ist wie Gott?« und kommt aus dem Hebräischen. Erzengel Michael wird oft als ein Beschützer erlebt; viele Menschen sehen ihn mit einem Schwert in der Hand. Wenn im Leben Entscheidungen getroffen werden müssen, ist es hilfreich, Michael an der Seite zu haben. Er besitzt eine eigene Klarheit und Entschlossenheit, die uns Menschen unterstützen können, wenn wir uns entscheiden müssen. Unser Leben lang treffen wir ständig Entscheidungen, kleine und große, bewusst und unbewusst. Indem du mit Michael in Kontakt stehst, kommst du zwar nicht umhin, eine Wahl zu treffen, aber wenn du es zulässt, wird er dir neue Stärke und Beharrlichkeit bei der Durchführung geben. Er zeigt eine große Kraft und kann uns in der Begegnung mit uns selbst und unseren eigenen Grenzen herausfordern. Wenn du deine eigene Wahrheit vom Herzen her aussprechen möchtest, kommuniziere mit Michael. Nutze die Meditation, um seinen Rat zu erfahren. Frag ihn vom Herzen ausgehend, warte die Antwort ab und wage es, zu vertrauen, ohne die Vernunft das Zepter übernehmen zu lassen.

ELISABETH: Erzengel Michael sehe ich in ein tiefes Blau getaucht, in der rechten Hand ein langes Lichtschwert, wie ein Laser. Für mich repräsentiert er Tatkraft und den maskulinen Aspekt. Ich wende mich an Erzengel Michael, wenn ich am Steuer sitze, und bitte ihn, für freie Fahrt zu sorgen, damit ich sicher unterwegs bin. Ich nutze den Kontakt mit Erzengel Michael, um Energiebindungen zwischen anderen Menschen und mir aufzulösen, damit ich mein Energieniveau bewahren und Beziehungen zu anderen von meinem Herzen ausgehend führen kann.

Bei der Begegnung mit Michael erlebte Christin eine sehr persönliche Botschaft, die ihre Furcht davor, in einer großen Versammlung aufzufallen, berührte. Sie mochte die Botschaft überhaupt nicht: Sie solle nämlich damit beginnen, sich von den eigenen Grenzen loszusagen –, und zwar sofort. Das passierte während einer Meditation in einem unserer Kurse.

Christin fand, die Person, die die Meditation leitete, spreche zu leise. Ihrer Gewohnheit folgend, schwieg sie. Michael bestand darauf, sie solle etwas sagen – was aber bedeutet hätte, dass Christin ihre Komfortzone verlassen musste. Sie äußerte sich nie offen über ihre Bedürfnisse und Grenzen; sie wollte in der Gruppe nicht so viel Platz beanspruchen und war der Ansicht, andere hätten Wichtigeres zu sagen.

Aber Erzengel Michael hörte nicht auf, sie zu drängen. Sie durchlebte viele verschiedene Gefühle, und als die Meditation beendet war, fühlte sie, dass Michael direkt zu ihr sprach ... Und plötzlich »traute« sie sich, es auszusprechen! In dem Moment war es ein großer, neuer und unheimlicher Schritt, aber anschließend war sie sehr zufrieden mit sich selbst.

Wir hoffen, Michael wird dich dazu inspirieren, zu deiner Kraft und Wahrheit zu stehen – in welcher Situation es auch immer sei. So kannst du frei werden, du selbst zu sein.

Erzengel Chamuel

Jetzt hast du die Möglichkeit, mit Erzengel Chamuel in Kontakt zu treten. Es ist gut, wenn du die Meditation durchführst, bevor du weiterliest, damit du deine eigene Information über diesen wunderbaren Engel erhältst. Wir hoffen, diese Begegnung lässt dich finden, wonach du suchst.

MEDITATION

- *Setz dich aufrecht und bequem hin und atme tief ein und aus. Bei jedem Ausatmen lässt du los, was du von deiner und der Energie anderer nicht benötigst. Bei jedem Einatmen atme deine eigene Essenz ein.*
- *Leg eine oder beide Handflächen auf dein Herz.*
- *Spür nach, wo in deinem Körper du dich in diesem Moment befindest.*
- *Nimm Kontakt mit deinem Herzen auf und frag es, ob es dir jetzt etwas mitteilen möchte. Warte die Antwort ab; denk daran, dass sie auf unterschiedliche Weisen erfolgen kann. Nimm sie willig und freudig entgegen, auch wenn sie vielleicht nur ein kleiner Hauch ist.*
- *Lass dein Herz in die Kommunikation mit dem Herzen der Erde und dem Herzen des Universums treten. Spüre, wie sich die drei Energien in deinem Herzen vereinen und eine Säule bilden: eine Verbindung zwischen Himmel und Erde, bei der du das Zentrum bildest.*
- *Lass deine Aura eine Armlänge von deinem Körper entfernt einrasten.*
- *Beginne dich selbst zu beschenken: In Verbindung mit Himmel und Erde, lass deine Essenz dein Herz erfüllen, anschließend deinen Körper, um dann in die Aura zu strömen. Der Überschuss fließt entlang der Außenseite der Aurahülle und reinigt sie; dann strömt er klärend entlang dem Erdungskanal nach unten zur Mitte der Erde.*
- *Verweile etwas in diesem Austausch, dem Fluss, bei dem du dich konstant selbst beschenkst.*
- *Löse dich von allen alten Bildern und Informationen anderer über den Erzengel Chamuel. Komm im Augenblick an.*
- *Lass Erzengel Chamuel an der Außenseite deiner Aura vor dir aufleuchten oder erscheinen.*
- *Werde dir bewusst, wie du ihn oder sie erlebst. Siehst du eine Gestalt, ein Licht, eine Farbe? Hörst du Worte? Vernimmst du einen Duft?*

Fühlst du eine Gegenwart, spürst du eine Berührung, empfindest du einen Windhauch, Wärme oder Kälte, erlebst du ein Zittern auf der Haut oder im Kopf? Oder WEISST du einfach?

- *Erlaube dir selbst, Chamuel exakt in deiner Art und Weise zu begegnen; es gibt kein Richtig oder Falsch.*
- *Atme eventuell auftauchende Hindernisse oder Unbehagen aus. Beschenke dich selbst, indem du empfängst.*
- *Erlebst du Chamuel als maskulin oder feminin?*
- *Bitte Chamuel, sich herumzudrehen, damit du ihn oder sie von allen Seiten erlebst. Werde dir bewusst, ob Chamuel den Charakter ändert, wenn er oder sie sich dreht.*
- *Frage, ob Chamuel etwas in den Händen hält. Wenn dem so ist, lass dir von Chamuel zeigen, wofür man es verwendet.*
- *Frage vom Herzen ausgehend: Gibt es etwas, das der Engel dir in diesem Moment sagen möchte? Lass die Antwort auf deine Weise, in deiner Sprache, in deinem Tempo zu dir kommen.*
- *Frage vom Herzen ausgehend, ob es einen bestimmten Ort gibt, an dem du leichter in Kontakt mit Chamuel treten kannst.*
- *Frage vom Herzen ausgehend, ob es eine bestimmte Tageszeit gibt, zu der du leichter in Kontakt mit Chamuel treten kannst.*
- *Frage, was auch immer du möchtest, und empfange die Antwort auf deine individuelle Weise.*
- *Danke Erzengel Chamuel für die Begegnung und lass los. Verabschiede dich. Denk daran, dass dir diese Kommunikation zugänglich ist, sooft du es wünschst.*
- *Danke dir selbst für den Schritt, den du gemacht hast; danke der Erde und dem Universum.*
- *Sobald du dazu bereit bist, öffne deine Augen.*

Wir hoffen, du hast Chamuel erlebt. Der Name Chamuel bedeutet »Der, der Gott sucht« oder »Der, der Gott sieht«. Erzengel Chamuel ist ein leuchtender Engel, der sein intensives Licht der Liebe über alle ausbreitet, in deren Nähe er sich befindet; er wird daher als Friedensengel betrachtet. Ebenso wie Michael wird Chamuel als ein Engel angesehen, der Dinge aufdeckt, damit Gerechtigkeit geschehen kann. Wie der Name verspricht, ist Chamuel der Experte, der uns zeigt, wo wir finden, wonach wir suchen oder was wir verloren haben. Nimm an, du hast etwas Wichtiges verlegt, das du verzweifelt vermisst. Jetzt kannst du Chamuel bitten, dir Hinweise zu geben. Frag ihn: »Chamuel, zeigst du mir, wo X ist?« Oder sieh vor deinem geistigen Auge, wie du das Gesuchte findest, und sende diese Bilder vom Herzen her an Chamuel. Warum wir die Vorgehensweise betonen? Weil nichts passiert, wenn du Chamuel fragst, ob er finden kann, wonach du suchst. Selbstverständlich kann er X finden. Aber der Sinn ist doch, dass *du* es findest! Da hilft es wenig, wenn er findet, wonach du suchst, ohne dir zu zeigen, wo es ist.

Das Gleiche trifft zu, wenn du auf der Suche nach einer neuen Arbeitsstelle, einem neuen Partner, einem neuen Haus oder einem schönen Ferienziel bist. Was auch immer es sein mag: Chamuel kann dabei behilflich sein. Denk nur daran, ihn zu fragen, dann wirst du sehen, »es« wird zu dir kommen.

MÄRTHA: Ich erlebe Erzengel Chamuel als einen maskulinen Engel, der in einer grünen Frequenz schwingt. Für mich ist er sanft und geduldig, steht aber immer bereit, um dort zu helfen, wo es nötig ist. Weil ich ein bisschen zerstreut bin, verlege ich im Großen und Ganzen fast alles. Aber Chamuel lässt mich nie im Stich. Er zeigt mir, wo sich all die Dinge befinden, die ich verloren habe. Manchmal dauert das Finden nur aus dem *einen* Grund eine Weile: weil ich einfach vergesse, ihn zu fragen.

Einmal hat mir Chamuel wirklich gezeigt, dass er fast alles finden kann, egal wie schwierig es sein mag: Meine Tochter sang in einem Chor mit. Vor dem Gebäude, in dem die Probe stattfand, erstreckt sich eine große Grünfläche. Ich brachte meine Tochter zur Probe und weil es ein schöner Herbsttag war und ich eine Reihe von Telefonaten zu erledigen hatte, spazierte ich währenddessen über die Wiese, setzte mich mal hier hin, mal da hin, war aber die meiste Zeit in Bewegung. Am Tag darauf sollten wir bei Astarte Education Unterricht haben, doch als ich vor der Tür stand und aufschließen wollte, bemerkte ich, dass ich den Schlüssel verloren hatte, der lose in meiner Tasche gelegen hatte. Ich war total verzweifelt, denn verlieren wir einen Schlüssel für diese Büros, müssen die Schlösser im ganzen Gebäude ausgetauscht werden. Es war peinlich, dass gerade *ich* es schaffen sollte, den Schlüssel zu verlieren, zumal das für uns Ausgaben zur Folge hätte, mit denen wir nicht gerechnet hatten. Mir wurde klar, dass ich ihn auf der großen Wiese vor dem Probenraum verloren haben musste.

Als ich schließlich erneut vor dem Gebäude stand, sank meine Hoffnung, den Schlüssel zu finden. Nicht genug damit, dass das Gras eine Zeit lang nicht gemäht worden war – es war auch noch Herbst, das Gras war vergilbt und hatte somit genau die gleiche Farbe wie der Schlüssel. Am Tag zuvor war ich über die gesamte Rasenfläche gelaufen. Eine Dreiviertelstunde lang suchte ich intensiv – ohne Erfolg.

Da kam mir plötzlich die Idee, Chamuel könnte mir helfen. Ich sah vor mir, wie ich den Schlüssel im Gras fand, und zeigte Chamuel die Vision. Dann ging ich noch ein bisschen aufs Geratewohl herum, ohne Erfolg.

Plötzlich schlug Chamuel vor, wir sollten Verstecken spielen. Ich dachte, ich geb's auf ...; ich kann doch nicht hier auf der Wiese stehen und mit einem Engel Verstecken spielen. Das war zu viel. Aber dann wurde mir bewusst, dass ja niemand wissen würde, dass ich eben genau dies tat; sie würden nur sehen, wie ich über diese Wiese lief und etwas suchte – was ich ohnehin bereits seit einer Stunde tat. Also fing ich an. »Kalt ...« Ich änderte die Richtung. »Wärmer, wärmer, warm. STOPP!«, kam es von Chamuel. Es hatte genau fünf Sekunden gedauert. Jetzt werde ich verrückt, dachte ich, das hier ist vollkommen krank! Aber als ich nach unten schaute, lag der Schlüssel zwischen meinen Füßen im Gras.

Wir hoffen, die Begegnung mit Chamuel bereitet dir Freude. Von nun an kannst du das, wonach du suchst, auf eine neue und spannende Weise aufspüren.

Erzengel Ariel

*Nun kannst du in Kontakt
mit Erzengel Ariel kommen.
Da du die Meditation inzwischen einige Male gemacht
hast, haben wir sie ein wenig
verkürzt. Wir hoffen, diese
Begegnung wird dich berühren.*

MEDITATION

- *Setz dich aufrecht und bequem hin, atme tief ein und aus. Bei jedem Ausatmen lässt du los, was du von deiner und der Energie anderer nicht benötigst. Bei jedem Einatmen atme deine eigene Essenz ein.*
- *Leg eine oder beide Handflächen auf dein Herz.*
- *Nimm Kontakt mit deinem Herzen auf und frag es, ob es dir jetzt etwas mitteilen möchte.*
- *Lass dein Herz in die Kommunikation mit dem Herzen der Erde und dem Herzen des Universums treten. Die drei Energien vereinen sich in deinem Herzen und bilden eine Säule.*
- *Lass deine Aura eine Armlänge von deinem Körper entfernt einrasten.*
- *Beginne dich selbst zu beschenken: In Verbindung mit Himmel und Erde, lass deine Essenz dein Herz erfüllen, anschließend deinen Körper und deine Aura. Der Überschuss fließt nach unten zur Mitte der Erde.*
- *Löse dich von allen alten Bildern und Informationen anderer über Erzengel Ariel. Komm im Augenblick an.*
- *Lass Erzengel Ariel an der Außenseite deiner Aura vor dir aufleuchten oder erscheinen.*
- *Werde dir bewusst, wie du ihn oder sie erlebst. Erlaube dir selbst, Ariel exakt in deiner Art und Weise zu begegnen; es gibt kein Richtig oder Falsch.*
- *Atme eventuell auftauchende Hindernisse oder Unbehagen aus.*
- *Erlebst du Ariel als maskulin oder feminin?*
- *Bitte Ariel, sich herumzudrehen. Werde dir bewusst, ob Ariel den Charakter ändert, wenn er oder sie sich dreht.*
- *Frage, ob Ariel etwas in den Händen hält. Wenn dem so ist, lass dir von Ariel zeigen, wofür man es verwendet.*
- *Frage vom Herzen ausgehend: Gibt es etwas, das dir der Engel in diesem Moment sagen möchte?*

- *Frage vom Herzen ausgehend, ob es einen bestimmten Ort gibt, an dem du leichter in Kontakt mit Ariel treten kannst.*
- *Frage vom Herzen ausgehend, ob es eine bestimmte Tageszeit gibt, zu der du leichter in Kontakt mit Ariel treten kannst.*
- *Frage, was auch immer du möchtest, und empfange die Antwort auf deine individuelle Weise.*
- *Danke Erzengel Ariel für die Begegnung und lass los. Verabschiede dich. Denk daran, dass dir diese Kommunikation zugänglich ist, sooft du es wünschst.*
- *Danke dir selbst für den Schritt, den du gemacht hast; danke der Erde und dem Universum.*
- *Sobald du dazu bereit bist, öffne deine Augen.*

Der Name Ariel bedeutet »Gottes Löwe« oder »Gottes Löwin«. Ariel repräsentiert das Erwachen der Mutterkraft auf der Erde und macht die Kraft der Göttin sichtbar, die sich in jedem findet. Wenn wir in Kontakt mit Ariel treten, werden unsere Schöpferkräfte geöffnet: das Kreative, das Nährende, das in der Liebe zu uns selbst und zum Leben um uns herum gebildet werden kann. Kommen wir zu diesem Feld, erweitern wir allmählich unser Bewusstsein, dass wir alle aus einem Ganzen, einer Einheit bestehen. Wenn wir uns trauen, uns der Liebe – einer respektvollen und vorbehaltlosen Liebe – zu öffnen, können wir mit anderen entsprechend kommunizieren. Ariel ist interessiert an der Erde und allem, was auf ihr lebt. Menschen mit einer starken Bindung an die Natur und die Naturmedizin können Ariel auf diesem Gebiet begegnen. Da ihr Chakra das Herz ist, ist sie daran interessiert, dass wir mit der Erde und ihren Ressourcen ausgehend von der Liebeskraft in uns umgehen. Durch Ariel kannst du in schweren Stunden Trost und Linderung erhalten. Im Einklang mit Ariel findest du heraus, wie ihr zusammenarbeiten könnt. Lass sie Teil deines Lebens sein und lass dir die Erde durch ihre Augen betrachtet zeigen. Es kann sein, dass du neue Möglichkeiten kennenlernst, das Leben zu erfahren.

ELISABETH: Erzengel Ariel ist für mich unglaublich schön und feminin. Sie erscheint in der gleichen Farbe wie die schöne rosafarbene Zwergrose oder die reizende hellrosafarbene Rose. Sie ist zart, aber zugleich stark und präsent.

Ariel sagt: Ich bin die Anwesenheit und repräsentiere den Augenblick. Ich bin Transformation und folge euch bei allen Übergängen im Leben. Immer wenn ihr einen neuen Schritt im Bewusstsein macht, bin ich bei euch. Genau im Hier und Jetzt, wo die Zukunft geschaffen und das Leben gelebt wird, wo der Körper *und der Atem sind, bin ich bei euch. Wenn du meine Energie nah an dich herankommen lässt, spürst du, wie sich deine Zellen öffnen, wo in dir die Lebenskraft in Bewegung gesetzt wird. Das Herzchakra ist mein Hauptchakra und ich bin stark anwesend in den Kristallisierungsprozessen*, an denen die Menschen auf der Erde in diesen Tagen teilhaben – was darin begründet liegt, dass sich die Erde in einer Neuen Zeit* befindet.*

Die folgende Übung bringt dich mit Ariel in Einklang:

Lass Ariel an der Außenseite deiner Aura vor dir aufleuchten. Heilung erfolgt, indem du die wundervolle göttliche hochfrequente rosafarbene Energie Ariels in deinen Körper fließen lässt. Lass die Schwingung in dir klingen und spüre, wie der Körper antwortet. Welche Gefühle entstehen in dir? Siehst du irgendwelche Farben? Löst sich etwas in dir? Denk daran, alles auszuatmen, was eventuell an die Oberfläche gelangt.

Wir hoffen, die Begegnung mit Ariel wird dich inspirieren, dir selbst sowie allem und allen um dich herum in Liebe zu begegnen.

Erzengel Sandalphon

Erzengel Sandalphon ist ein Engel voller Kraft. Möge dir diese Begegnung göttliche Freude bereiten.

MEDITATION

🌸 *Setz dich aufrecht und bequem hin und atme tief ein und aus. Bei jedem Ausatmen lässt du los, was du von deiner und der Energie anderer nicht benötigst. Bei jedem Einatmen atme deine eigene Essenz ein.*

🌸 *Leg eine oder beide Handflächen auf dein Herz.*

🌸 *Nimm Kontakt mit deinem Herzen auf und frag es, ob es dir jetzt etwas mitteilen möchte.*

🌸 *Lass deine Aura eine Armlänge von deinem Körper entfernt einrasten.*

🌸 *Lass dein Herz in die Kommunikation mit dem Herzen der Erde und dem Herzen des Universums treten und beschenke dich selbst. Die Energien strömen in den Körper und in die Aura; sie reinigen die Aura, während sie an der Außenseite entlang nach unten zur Mitte der Erde fließen.*

🌸 *Löse dich von allen alten Bildern und Informationen anderer über Erzengel Sandalphon. Komm im Augenblick an.*

🌸 *Lass Erzengel Sandalphon an der Außenseite deiner Aura vor dir aufleuchten oder erscheinen.*

🌸 *Atme eventuell auftauchende Hindernisse oder Unbehagen aus.*

🌸 *Erlebst du Sandalphon als maskulin oder feminin?*

🌸 *Bitte Sandalphon, sich herumzudrehen, damit du ihn oder sie von allen Seiten siehst. Werde dir bewusst, ob Sandalphon den Charakter ändert, wenn er oder sie sich dreht.*

🌸 *Frage, ob Sandalphon etwas in den Händen hält. Wenn dem so ist, lass dir von Sandalphon zeigen, wofür man es verwendet.*

🌸 *Frage vom Herzen ausgehend: Gibt es etwas, was der Engel dir in diesem Moment sagen möchte?*

🌸 *Frage vom Herzen ausgehend, ob es einen bestimmten Ort gibt, an dem du leichter in Kontakt mit Sandalphon treten kannst.*

- *Frage vom Herzen ausgehend, ob es eine bestimmte Tageszeit gibt, zu der du leichter in Kontakt mit Sandalphon treten kannst.*
- *Frage, was auch immer du möchtest, und empfange die Antwort auf deine individuelle Weise.*
- *Danke Erzengel Sandalphon für die Begegnung und lass los. Verabschiede dich. Denk daran, dass dir diese Kommunikation zugänglich ist, sooft du es wünschst.*
- *Danke dir selbst für den Schritt, den du gemacht hast; danke der Erde und dem Universum.*
- *Sobald du dazu bereit bist, öffne die Augen.*

Die Herkunft des Namens Sandalphon ist unklar, kann aber die Bedeutung »Mitbruder« haben. Im Buch Enoch, einer jüdischen heiligen Schrift, wird er als Prophet Elija erwähnt: Er wird in einem brennenden Wagen, gezogen von zwei Pferden, mit in den Himmel genommen und dort in Sandalphon verwandelt. Er wird als Zwillingsflamme von Metatron angesehen, denn dies sind die einzigen zwei, über die gesagt wird, sie waren Menschen auf Erden. Sandalphon ist der Wächter der Erde und trägt die Gebete der Menschen zum Himmel. Deshalb ist er als der große Engel bekannt. Er ist der Engel der Tränen, der Gebete und des Gesangs.

ELISABETH: Ich sehe Sandalphon als einen maskulinen Engel mit tropfenförmigen Federn. Wenn das Licht auf ihn trifft, wird es wie bei einem Prisma in allen Farben des Regenbogens gebrochen. Für mich repräsentiert Erzengel Sandalphon spirituelle Einsichten, Telepathie und die Entwicklung der Hellsichtigkeit. Er hat eine enge Verbindung zu spirituellen Ritualen. Sandalphon kann wunderbar als Übersetzer aus einer spirituellen Sprache in eine für uns Menschen leichter verständliche Sprache genutzt werden.
Oftmals ist der Kontakt der Menschen mit dem Universum wie ein Radio, das zwischen zwei Kanälen eingestellt ist – weshalb nur Missklänge zu hören sind. Sandalphon besitzt die Klarheit, die uns Menschen hilft, unser spirituelles Radio auf den richtigen Kanal einzustellen. Im Kontakt mit einer großen geistigen Klarheit können wir unser Leben in Leichtigkeit und Liebe gestalten.

Wir hoffen, Sandalphon wird deinen göttlichen Kontakt vertiefen.

Erzengel Gabriel

*Mit dieser Meditation kannst
du in Kontakt mit Erzengel
Gabriel treten. Welche Botschaft hat Gabriel für dich?*

MEDITATION

- *Setz dich aufrecht und bequem hin und atme tief ein und aus. Bei jedem Ausatmen lässt du los, was du von deiner und der Energie anderer nicht benötigst. Bei jedem Einatmen atme deine eigene Essenz ein.*
- *Leg eine oder beide Handflächen auf dein Herz.*
- *Nimm Kontakt mit deinem Herzen auf und frag es, ob es dir jetzt etwas mitteilen möchte.*
- *Lass deine Aura eine Armlänge von deinem Körper entfernt einrasten.*
- *Lass dein Herz in die Kommunikation mit dem Herzen der Erde und dem Herzen des Universums treten und beschenke dich selbst. Die Energien strömen in den Körper und in die Aura; sie reinigen die Aura, während sie an der Außenseite entlang nach unten zur Mitte der Erde fließen.*
- *Löse dich von allen alten Bildern und Informationen anderer über Erzengel Gabriel. Komm im Augenblick an.*
- *Lass Erzengel Gabriel an der Außenseite deiner Aura vor dir aufleuchten oder erscheinen.*
- *Atme eventuell auftauchende Hindernisse oder Unbehagen aus.*
- *Erlebst du Gabriel als maskulin oder feminin?*
- *Bitte Gabriel, sich herumzudrehen, damit du ihn oder sie von allen Seiten siehst. Werde dir bewusst, ob Gabriel den Charakter ändert, wenn er oder sie sich dreht.*
- *Frage, ob Gabriel etwas in den Händen hält. Wenn dem so ist, lass dir von Gabriel zeigen, wofür man es verwendet.*
- *Frage vom Herzen ausgehend: Gibt es etwas, das dir der Engel in diesem Moment sagen möchte?*
- *Frage vom Herzen ausgehend, ob es einen bestimmten Ort gibt, an dem du leichter in Kontakt mit Gabriel treten kannst.*

- *Frage vom Herzen ausgehend, ob es eine bestimmte Tageszeit gibt, zu der du leichter in Kontakt mit Gabriel treten kannst.*
- *Frage, was auch immer du möchtest, und empfange die Antwort auf deine individuelle Weise.*
- *Danke Erzengel Gabriel für die Begegnung und lass los. Verabschiede dich. Denk daran, dass dir diese Kommunikation zugänglich ist, sooft du es wünschst.*
- *Danke dir selbst für den Schritt, den du gemacht hast; danke der Erde und dem Universum.*
- *Sobald du dazu bereit bist, öffne deine Augen.*

Der Name Gabriel bedeutet »Bote Gottes«. Gabriel ist der Engel, der mit einer Botschaft Gottes zur Jungfrau Maria kam und in der Regel mit einer Lilie in der Hand, einem Tintenfass und einer Feder sowie einem blauen Gewand abgebildet wird. Für viele hat dieser Engel eine feminine Gestalt oder Energie. Gabriel zählt zu den Engeln, die zur Linken Gottes sitzen. Es war auch dieser Engel, der Mohammed den Koran diktierte. Gabriel arbeitet mit all jenen zusammen, die sich mit Kommunikation beschäftigen. Zudem gehören Träume und Hoffnung zu Gabriels Tätigkeitsbereich.

MÄRTHA: Für mich ist Erzengel Gabriel ein goldener, femininer Engel. Sie ist zierlich und schön, mit einem langen Gewand, das bis zum Boden reicht. Gabriel ist dort, wo die Schöpfung geschieht. Kommt ein Kind zur Welt, ist sie da und folgt ihm nach der Geburt eine Weile. Sie trägt die Kinder in ihren Armen und lächelt sie freundlich an.

Gabriel ist an allen Schöpfungsprozessen des Lebens beteiligt. Daher arbeitet dieser Erzengel eng mit Künstlern und Schriftstellern, Designern und Architekten, ja mit allen, die mit Kreativität zu tun haben, zusammen, und dies in allen Bereichen des Lebens. Auf welchen Gebieten kann Gabriel dir behilflich sein?

Erzengel Raziel

*In dieser Meditation wird
der Fokus auf Erzengel Raziel
gerichtet. Lass deine Begegnung mit Raziel klärend
wirken.*

MEDITATION

- *Setz dich aufrecht und bequem hin und atme tief ein und aus. Bei jedem Ausatmen lässt du los, was du von deiner und der Energie anderer nicht benötigst. Bei jedem Einatmen atme deine eigene Essenz ein.*
- *Leg eine oder beide Handflächen auf dein Herz.*
- *Nimm Kontakt mit deinem Herzen auf und frag es, ob es dir jetzt etwas mitteilen möchte.*
- *Lass deine Aura eine Armlänge von deinem Körper entfernt einrasten.*
- *Lass dein Herz in die Kommunikation mit dem Herzen der Erde und dem Herzen des Universums treten und beschenke dich selbst. Die Energien strömen in den Körper und in die Aura; sie reinigen die Aura, während sie an der Außenseite entlang nach unten zur Mitte der Erde fließen.*
- *Löse dich von allen alten Bildern und Informationen anderer über Erzengel Raziel. Komm im Augenblick an.*
- *Lass Erzengel Raziel an der Außenseite deiner Aura vor dir aufleuchten oder erscheinen.*
- *Atme eventuell auftauchende Hindernisse oder Unbehagen aus.*
- *Erlebst du Raziel als maskulin oder feminin?*
- *Bitte Raziel, sich herumzudrehen, damit du ihn oder sie von allen Seiten siehst. Werde dir bewusst, ob Raziel den Charakter ändert, wenn er oder sie sich dreht.*
- *Frage, ob Raziel etwas in den Händen hält. Wenn dem so ist, lass dir von Raziel zeigen, wofür man es verwendet.*
- *Frage vom Herzen ausgehend: Gibt es etwas, das dir der Engel in diesem Moment sagen möchte?*
- *Frage vom Herzen ausgehend, ob es einen bestimmten Ort gibt, an dem du leichter in Kontakt mit Raziel treten kannst.*

- *Frage vom Herzen ausgehend, ob es eine bestimmte Tageszeit gibt, zu der du leichter in Kontakt mit Raziel treten kannst.*
- *Frage, was auch immer du möchtest, und empfange die Antwort auf deine individuelle Weise.*
- *Danke Erzengel Raziel für die Begegnung und lass los. Verabschiede dich. Denk daran, dass dir diese Kommunikation zugänglich ist, sooft du es wünschst.*
- *Danke dir selbst für den Schritt, den du gemacht hast; danke der Erde und dem Universum.*
- *Sobald du dazu bereit bist, öffne deine Augen.*

Der Name Raziel bedeutet »Gottes Geheimnisse«. Er arbeitet eng mit dem Schöpfer zusammen, hat Kenntnisse der Quantenphysik sowie der heiligen Geometrie. Dabei setzt Raziel die heilige Geometrie ein, um spirituelle Blockaden zu lösen. Er ist vor allem durch das Buch Raziel bekannt, dem nachgesagt wird, es enthalte die Geheimnisse des Universums. Deshalb wird er als Wächter der Geheimnisse und Engel der Mysterien bezeichnet.

ELISABETH: Für mich ist Erzengel Raziel eine maskuline Kraft. Er steht stets ein Stück von mir entfernt, ist streng und unglaublich deutlich. Er hat einen weißen Bart und ist in ein tief amethystfarbenes Gewand gehüllt – die Farbe, in der auch seine Aura scheint. Es gibt keinen Zweifel daran: Was er möchte, es solle geschehen – das geschieht. Er strahlt Autorität aus. Raziel steht für Tatkraft und ich verstehe jetzt, warum er derzeit in meinem Leben so stark präsent ist. Er stellt das Gegenteil von Opferenergie dar, wenn Tatkraft und Intuition verschwinden. Und ich verstehe, warum ich mich ein wenig vor ihm fürchte und ihn daher ein bisschen zu weit von mir entfernt positioniere, um vielleicht eine Form von Kontrolle zu haben.

Als Elisabeth den Pilgerweg nach Santiago di Compostela ging, erlebte sie einen engen Kontakt mit Raziel.

ELISABETH: Auf diese Reise habe ich mich ohne besonders große Vorbereitungen begeben. Zwei Tage vor dem Abflug bestellte ich die Flugtickets und kaufte neue Wanderschuhe. Im Internet schaute ich mir einige Karten an und las ein bisschen, ich packte den Rucksack und fuhr los.
Es funktioniert wunderbar, wenn ich mich nicht unter Druck setze, sondern mir von Raziel den Weg weisen lasse. Ich finde

mich zurecht, erreiche Flugzeuge und Busse. Wenn ich manchmal darüber nachdenke, übermannt mich die Angst und es wird mir unheimlich: Worauf habe ich mich da eingelassen? Aber Raziel ist da, immer mit derselben Gelassenheit. Er zeigt mir eine autoritäre Anwesenheit, die Handeln erfordert.

An einem Nachmittag kam ich mit zwei Däninnen ins Gespräch, und am Tag darauf traf ich sie in der Herberge, in der wir übernachten sollten, wieder. »Toll, dass du auch einen Platz bekommen hast«, sagten sie. »Hattest du keine Bedenken, dass alles belegt sein könnte, wenn du so spät kommst?« Es war ein richtig schönes Gefühl, zu bemerken, dass ich keinerlei Bedenken gehabt hatte. Ich hatte keinen Gedanken an überfüllte Herbergen verschwendet. Die ganze Tour über schaffte ich es tatsächlich, darauf zu vertrauen, einen Platz in den Herbergen zu bekommen, obwohl ich mitten in der Hauptsaison unterwegs war.

Wir hoffen, die Begegnung mit Raziel wird für dich der Schlüssel zu den Geheimnissen des Universums sein – sowohl dem Universum in dir selbst als auch dem dich umgebenden Universum.

Erzengel Metatron

*Hier hast du die Möglichkeit,
Erzengel Metatron zu begegnen. Lass diese Begegnung
eine Gabe Gottes an dich sein.*

MEDITATION

- *Setz dich aufrecht und bequem hin und atme tief ein und aus. Bei jedem Ausatmen lässt du los, was du von deiner und der Energie anderer nicht benötigst. Bei jedem Einatmen atme deine eigene Essenz ein.*
- *Leg eine oder beide Handflächen auf dein Herz.*
- *Nimm Kontakt mit deinem Herzen auf und frag es, ob es dir jetzt etwas mitteilen möchte.*
- *Lass deine Aura eine Armlänge von deinem Körper entfernt einrasten.*
- *Lass dein Herz in die Kommunikation mit dem Herzen der Erde und dem Herzen des Universums treten und beschenke dich selbst. Die Energien strömen in den Körper und in die Aura; sie reinigen die Aura, während sie an der Außenseite entlang nach unten zur Mitte der Erde fließen.*
- *Löse dich von allen alten Bildern und Informationen anderer über Erzengel Metatron. Komm im Augenblick an.*
- *Lass Erzengel Metatron an der Außenseite deiner Aura vor dir aufleuchten oder erscheinen.*
- *Atme eventuell auftauchende Hindernisse oder Unbehagen aus.*
- *Erlebst du Metatron als maskulin oder feminin?*
- *Bitte Metatron, sich herumzudrehen, damit du ihn oder sie von allen Seiten siehst. Werde dir bewusst, ob Metatron den Charakter ändert, wenn er oder sie sich dreht.*
- *Frage, ob Metatron etwas in den Händen hält. Wenn dem so ist, lass dir von Metatron zeigen, wofür man es verwendet.*
- *Frage vom Herzen ausgehend: Gibt es etwas, das dir der Engel in diesem Moment sagen möchte?*
- *Frage vom Herzen ausgehend, ob es einen bestimmten Ort gibt, an dem du leichter in Kontakt mit Metatron treten kannst.*

- *Frage vom Herzen ausgehend, ob es eine bestimmte Tageszeit gibt, zu der du leichter in Kontakt mit Metatron treten kannst.*
- *Frage, was auch immer du möchtest, und empfange die Antwort auf deine individuelle Weise.*
- *Danke Erzengel Metatron für die Begegnung und lass los. Verabschiede dich. Denk daran, dass dir diese Kommunikation zugänglich ist, sooft du es wünschst.*
- *Danke dir selbst für den Schritt, den du gemacht hast; danke der Erde und dem Universum.*
- *Sobald du dazu bereit bist, öffne deine Augen.*

Über Ursprung und Bedeutung des Namens Metatron besteht Unklarheit. Traditionell wird Metatron als erster Mensch, der in einen Engel verwandelt wurde, und als Zwilling von Sandalphon beschrieben. Metatron wird als Prophet Enoch benannt und ist ein Engel des Augenblicks. Benötigst du Hilfe in Beziehungen, bei der Karriere, für die Kinder oder spirituelle Geschenke, kannst du den Engel Metatron rufen. Oft wird er in luxuriöse Gewänder gekleidet, mit Feder und Papier abgebildet.

MÄRTHA: Erzengel Metatron ist für mich ein maskuliner Engel. Er verändert sich ständig, indem er jung und alt ist – ein Zeichen dafür, dass er alle Zeiten gleichzeitig ist. Er führt ein Buch über unsere gelebten Leben, aus dem wir Informationen erhalten können: Es wird oft als Akasha-Chronik bezeichnet. Metatron hilft uns, in der Gegenwart anzukommen und Knoten aufzulösen, die wir durch unterschiedliche Erlebnisse im Verlauf unseres Lebens angesammelt haben. Auf diese Weise können wir sie hier und jetzt bearbeiten. Er hilft uns, die Kraft des Augenblicks zu erleben.

ELISABETH: Mir zeigt sich Metatron als weiser alter Mann mit einem Mantel in dunklem Lila. Er besitzt eine große Transformationskraft und eine enorme Präsenz. Er ist ein mächtiger Mahner hinsichtlich der Kraft des Augenblicks und der Erdung, die zur bewussten Anwesenheit im Hier und Jetzt führt. Metatron ist einer der Engel, die ich vor allem dazu nutze, das Energieleck aufzulösen, das entsteht, wenn man als Opfer der Vergangenheit und in Angst vor der Zukunft lebt. Auf diese Weise kann ich wiederentdecken, welche Größe ich in mir trage.

Vollständig

in dem anwesend zu sein, was ist,
heißt, zufrieden zu sein,
und zufrieden sein bedeutet,
gesegnet zu sein mit allem,
was im Leben geschieht.

Michael Neill

Kapitel 5

Der weitere Weg: Hören lernen

Wenn du weißt, wie deine doppelten Sinne funktionieren und wie du am besten mit deinem Herzen und den Engeln kommunizierst, ist der nächste Schritt zu erkennen, wann dies im Alltag geschieht. Denn es ist der Alltag, in dem wir existieren. Und hier können wir uns unserer Spiritualität öffnen, sodass unser ganzes Leben im Kontakt mit den Engeln stattfindet und nicht nur die Zeit, in der wir meditieren.

Um zu hören, musst du zuerst die Einsicht gewinnen, dass die Engel für dich da sind. Es gilt, zuzulassen, dass deine Welt daraus besteht, ihre Botschaften und Hinweise wahrzunehmen. Vielleicht verwenden sie einige der Wege, die wir in diesem Buch beschrieben haben; vielleicht geben sie dir jedoch auch Zeichen auf ganz andere Art. Wie auch immer – es ist notwendig, bewusst für die Zeichen der Engel offen zu sein. Die einfachste Variante dafür bildet die folgende Bekräftigung:

Ich lasse zu, dass die Engel in mein Leben treten. Ich höre zu und bin sicher, diesem göttlichen Impuls in allen Situationen des Alltags und zu jeder Zeit zu folgen.

Spüre, dass sich diese Aussage für dich richtig anfühlt (oder notiere etwas Ähnliches, das sich für dich besser anhört). Spüre es im Herzen, in jeder einzelnen Zelle. Schreib die Aussage auf einen Zettel und befestige ihn an einer Stelle, an der du ihn jeden Morgen und jeden Abend siehst. So wirst du an dein Ziel erinnert und denkst daran, zu jeder Zeit und sooft du sie benötigst, offen für die Engel zu sein.

Du kannst auch die Werkzeuge der Meditation »Geschenk an dich selbst« (S. 109) verwenden, um in deinem Leben präsent zu sein. Mit ein wenig Übung wirst du deinen Raum halten, also im Kontakt mit der Säule sein und deine Aura eingerastet haben, und dich über den Tag hinweg konstant selbst beschenken. So wirst du dich in deinem Leben, in der Kommunikation mit deinem Herzen und – von hier ausgehend – in Verbindung mit den Engeln befinden. Du vermeidest, »angezapft« zu werden, und hältst das Energieniveau im Alltag konstant.

Die Engel werden niemals unseren freien Willen ignorieren, sondern uns zu einhundert Prozent für unsere Entscheidungen respektieren. Wenn wir Herausforderungen gegenüberstehen, schalten wir jedoch leider oft unsere innere Stimme ab und verlieren dadurch den Kontakt mit den Engeln. In diesen Situationen scheinen sie uns zu verlassen, obwohl wir sie jetzt am meisten brauchen. Wir beginnen, die feinen Zeichen, die sie uns geben, zu übersehen, weil es so einfach ist, die wahren Informationen beiseitezuschieben. Ein Leben lang wurde uns doch gelehrt, vernünftig zu denken. Es ist leicht, einen solchen Hinweis der Engel zu bagatellisieren oder sich selbst davon zu überzeugen, es sei nicht wichtig gewesen, zum gegebenen Zeitpunkt exakt diesem Impuls zu folgen.

Beginne zu bemerken, wie du die Hinweise der Engel beiseiteschiebst.

Sie versuchen immer und immer wieder, dich zu erreichen, aber du denkst entweder, das kannst du später noch machen, oder du schiebst es beiseite. Es ist wichtig, die Aufmerksamkeit bewusst auf das zu richten, was du tust. Daher ist das Bewusstsein deiner selbst in jeder Situation des Lebens wichtig, sodass die Teile, die dir verborgen sind, ans Licht treten und bearbeitet werden können. Dennoch ist es deine Entscheidung, ob du dich verändern möchtest oder nicht. Dein freier Wille entscheidet. Hier ist nichts richtig oder falsch; es ist »nur« deine Erfahrung im Leben und in der Welt.

Oft bleiben wir so, wie wir sind, um nicht unangenehm aufzufallen. Vielleicht traust du dich nicht, dem Impuls zu folgen, weil er so merkwürdig ist im Vergleich zu dem, was du normalerweise tust, und du Angst hast, was die Leute von dir denken werden.

Viele Menschen beginnen erst in schweren Zeiten, sich ihrem spirituellen Ich zu öffnen. Es sieht aus, als würden wir es nicht schaffen, der Liebesbotschaft einfach um ihretwillen – oder weil sie sich richtig anfühlt – zuzuhören. Können wir es uns nicht leichter machen und es umgehen, eine Katharsis zu durchlaufen, um dieses Liebesbewusstsein zu erreichen? Die Entscheidung kann jeder persönlich treffen – was wiederum das große Ganze beeinflussen wird. Egal ob du dich entscheidest, dich zu öffnen oder nicht – es ist eine Entscheidung und sie prägt die Erde, uns alle. Jeder ist in diesem Zusammenhang von Bedeutung. Daher ist es wichtig, welche Wahl du triffst: ob du dich entscheidest, diesen Zeichen zu lauschen und nach ihnen zu handeln oder nicht.

Wie entscheidest du dich, zu leben?

Traust du dich, ausgehend von der Liebeskraft zu leben, oder ist das zu unheimlich und schwer, weil so viele um dich herum ausgehend von der

Vernunft und den in der Gesellschaft akzeptierten Normen agieren? Spüre nach, was dich daran hindert, ganz du selbst zu sein. Wie lauten deine auf Angst basierenden Entschuldigungen, heute nicht den Schritt zu machen?

Du musst wissen: Es gibt viele andere, die ebenfalls Angst haben, zu zeigen, wer sie sind. Indem du dich traust, darüber zu sprechen und es zu zeigen, hilfst du anderen, das Gleiche zu tun. Mehr Menschen, als du glaubst, haben Erlebnisse mit Engeln und befinden sich wie du auf einer spirituellen Suche. Je größer die Anzahl derer ist, die sich trauen, offen mit ihren spirituellen Erlebnissen umzugehen, desto einfacher wird es, die Augen dafür zu öffnen, wie normal das ist.

Erneut hast du die Wahl, wie du die Welt siehst. Du kannst dich entscheiden, dass die Welt magisch und voller Zeichen und göttlicher Zufälle ist – und plötzlich ist sie das für dich. Du kannst dich genauso entscheiden, die Welt sei nicht magisch und voll von Zeichen. Für uns ist dies das Magischste von allem: So wie du die Welt erlebst, so ist sie.

Wie entscheidest du dich, die Welt zu sehen?

Abschließend möchten wir dir ein paar Sätze an die Hand geben – einige Affirmationen* –, von denen wir hoffen, sie können dir im Alltag helfen. Denk daran, dass uns die Engel aus einer von Liebe erfüllten Perspektive betrachten und dadurch die Möglichkeit schaffen, dass auch wir uns von diesem Standpunkt aus sehen. Die Liebeskraft der Engel ist grenzenlos und differenziert nicht; sie akzeptiert die Gesamtheit und eröffnet die Möglichkeit, dass auch wir uns entscheiden, ausgehend von der reinsten Liebeskraft in uns selbst zu leben.

Ich vertraue dem Göttlichen.

Ich vertraue darauf, dass ich ein starker Mensch mit göttlichen Fähigkeiten bin.

Ich vertraue darauf, dass mich die Engel an meine Göttlichkeit im Alltag erinnern.

Ich vertraue darauf, dass ich Teil des Ganzen bin – eines göttlichen Ganzen.

Ich vertraue darauf, dass ich wie jeder von uns in diesem Ganzen einen einzigartigen Platz habe.

Dank

Wir möchten unseren geliebten Kindern Ulvar, Lea Caspara, Maud, Brage, Maud Angelica, Leah Isadora und Emma Tallulah danken, weil ihr uns darin unterstützt, wer wir sind, und uns jeden Tag so begegnet, wie ihr seid. Ein großes Dankeschön an Ari für deinen scharfen Blick, deine Großzügigkeit und herzliche Anwesenheit. Danke an alle unsere lieben Freunde und Familienangehörigen für eure treue Unterstützung und dafür, dass ihr uns so seht und akzeptiert, wie wir sind.

Ein Dankeschön an Carina Scheele Carlsen für ein beispielloses Engagement. Danke an alle, die uns durch ihre Anwesenheit bei Astarte Education berührt haben. Danke an jene, die offenherzig mit ihren persönlichen Geschichten zu diesem Buch beigetragen haben. Danke für die großzügige Bereitstellung von Jeppebu, wo die Engel neue Geheimnisse preisgegeben haben. Danke an Ida Berntsen für kluge Gedanken und ihre fachliche Kompetenz. Danke an alle bei Cappelen Damm für ihre positive Einstellung, Unterstützung und ihren aufmunternden Willen, was uns und dieses Buch betrifft. Danke an Aud Gloppen, Bente C. Bergan, Mona Nordøy und ihre Helfer.

Danke an alle Leserinnen und Leser, die sich der Begegnung mit sich selbst und den Engeln bewusst werden möchten.

Danke an all die Engel, die für uns da sind und uns dazu inspiriert haben, dieses Buch zu schreiben.

Und abschließend: Danke für alles, was wir in diesem Prozess gelernt haben.

Worterläuterungen

Affirmationen: Positive Worte bzw. Bekräftigungen, die eine Zeit lang mehrere Male wiederholt werden. Sie drehen sich um ein spezielles Thema, an dem du in deinem Leben arbeitest, oder um etwas, das du dir wünschst und ersehnst. Affirmationen und Gebete schwingen in der gleichen Frequenz und verfolgen beide den Zweck, die Schwingungsfrequenz in deinem Leben anzuheben.

Berührung: Damit meinen wir eine leichte Behandlung durch Handauflegen. Wenn man so will, ist ein Reading eine Begegnung mit dem Körper durch die Seele, während die Berührung eine Begegnung mit der Seele durch die Weisheit des Körpers darstellt. Bei dieser Art von Behandlung stehen die Erinnerungen, die du im Körper speicherst, im Fokus. Weichen sie aus deinem Körper, kannst du beginnen, die Energie in deinem Körper darauf zu verwenden, das Leben zu leben, für das du geschaffen bist. Alles erfolgt im Einklang mit den Engeln.

Healing: Das heißt »Heilung«. Healing deckt alles ab: von der medizinischen Heilung von Krankheiten bis hin zu göttlichen Wundern. Durch Healing erhält der eigene Heilungsprozess des Körpers einen »zusätzlichen Anstoß«; es basiert auf der Überzeugung, dass der Heiler die Heilungskraft an die Person kanalisieren kann, die Hilfe sucht. Healing kann sowohl durch Berührung – in gewissem Abstand vom Körper, aber im gleichen Raum befindlich – wie auch durch Fern-Healing erfolgen, wobei sich der Heiler und die betreffende Person an zwei unterschiedlichen Orten aufhalten.

Kristallisierungsprozess: Die schnellere Energiezufuhr (siehe »Neue Zeit«) erfordert auch neue und schnellere Energiestrukturen. Wollen wir ein schnelleres Auto herstellen, müssen wir unter anderem den Motor austauschen. Und die restlichen Teile müssen effizienter gemacht werden, um mit dem neuen Motor Schritt zu halten. So ist das auch mit unserem Energiekörper. Daher werden immer mehr Kinder geboren, die in alternativen Kreisen als Indigo- oder Kristallkinder bezeichnet werden: Indiokinder mit drei Chakras, Kristallkinder mit einem Chakra, dem Herzchakra. Diese Entwicklung beschreiben wir als Kristallisierungsprozess: der Weg, ein Kristallkind zu werden.

Neue Zeit: In der heutigen Zeit erfolgt eine Änderung im Zugang der Erde zur Energiezufuhr. Die Geschwindigkeit nimmt zu. Das resultiert darin, dass in den meisten Leben Herausforderungen in einem schnelleren Takt kommen. Wir sehen das an der rasanten Entwicklung neuer Technologien und der Welt.

Reading: Erzählt dir jemand eine Geschichte, kannst du vor deinem inneren Auge alle Figuren und Landschaften sehen, die in der Geschichte beschrieben werden. Ein Reading ist eine Weiterentwicklung dieser Art zu sehen. Anstatt aber die Bilder von einer Erzählung zu bekommen, erhältst du sie von einem anderen Menschen. Ein Reading ist eine Seele-zu-Seele-Kommunikation. Geben wir ein Reading, nutzen wir unsere Mitmenschen als Spiegel. Das heißt, indem wir Einblick in eine andere Person erhalten, gewinnen wir die Möglichkeit, mit uns selbst und den gleichen Problemstellungen in unserem eigenen Leben zu arbeiten. Mit Hilfe der Engel versuchen wir in der anderen Person und in uns selbst alte Ängste und alte Muster, Blockaden, Verträge und Ähnliches aufzulösen. Das macht uns frei, ausgehend von eigenen Impulsen zu handeln anstatt von der Angst und angelernten Mustern anderer Menschen, die wir für unsere eigenen gehalten haben.

Literaturverzeichnis

(Aufgenommen wurden hier nur Titel, die auch auf Deutsch erschienen sind, sowie einige weitere Bücher der genannten Autoren und Autorinnen.)

Angelo, Jack: Die Heilkraft in dir. Droemer Knaur 1995
Astell, Christine: Engel. Weisheit – Heilung – Schutz. Nymphenburger 2005
Atwater, P.M.H.: Indigo-Kinder und die neue Zeit ab 2012. Lüchow 2007
Brown, Simon G.: Chi Energy Arbeitsbuch. Ein praktischer Leitfaden ganzheitlicher Heilweisen. Südwest 2005
Byrne, Lorna: Eine Botschaft der Hoffnung. Die Weisheit der Engel für gute und schwierige Zeiten. Kailash 2012
~ Engel in meinem Haar. Die wahre Geschichte einer irischen Mystikerin. Kailash 2009
~ Himmelspfade. Engel weisen uns den Weg. Kailash 2011
Choquette, Sonia: Deine heimlichen Helfer. Das Geheimnis der inneren Stimmen. Allegria 2009
~ Die Aufgaben der Seele: Die göttliche Kraft in dir. Allegria 2010
~ Gib deinem Leben eine Richtung. Der inneren Stimme vertrauen und Träume verwirklichen. KOHA 2011
~ Medizin für die Seele. 111 Tipps für die innere Balance. Ullstein 2009
Cortens, Theolyn: Vertraue deinem Schutzengel. Ein 12-Wochen-Programm. Edel 2006
Cresswell, Julia: Das Engel-Kompendium. Hugendubel 2007

Emoto, Masaru: Die Botschaft des Wassers. KOHA 2010

~ Wasser und die Kraft des Gebets. KOHA 2010

Kelder, Peter: Die fünf »Tibeter«. Das alte Geheimnis aus den Hochtälern des Himalaya lässt Sie Berge versetzen. Diverse Ausgaben und Auflagen, z.B. Scherz 2002

Lipton, Bruce H.: Intelligente Zellen. Wie Erfahrungen unsere Gene steuern. KOHA 2006

Lipton, Bruce. H. / Bhaerman, Steve: Spontane Evolution. Wege zum neuen Menschen. KOHA 2009

[Literatur über Das Kybalion / Hermetische Philosophie / 7 hermetische Gesetze]

Mayes, Sherron: Sinnlich und übersinnlich lieben. Integral 2004

Newcomb, Jacky: Angel Kids. Die medialen Erfahrungen unserer Kinder. AMRA 2011

Prinzessin Märtha Louise / Samnøy, Elisabeth: Schutzengel begleiten dich. KOHA 2010

Soskin, Julie: Mediale Fähigkeiten fördern und nutzen. 70 Techniken zur Entwicklung des inneren Potentials. Königsfurt Urania 2002

Virtue, Doreen: Alles über Erzengel. Der kleine Führer der himmlischen Helfer. Ullstein 2011

~ Der weise Rat unserer Engel. Spirituelle Lösungen für Liebe, Freundschaft und Beruf. KOHA 2011

~ Die Engel Therapie. Grundlagen und Praxis der Heilarbeit mit Engeln. Allegria 2011

~ Himmlische Führung. Kommunikation mit der geistigen Welt. KOHA 2008

~ Medizin der Engel. Wie Sie mit Hilfe der Engel Körper und Seele heilen können. Ullstein 2004

~ Wie oben, so unten. Die Sieben Gesetze des Lebens. KOHA 2007

~ Wie Schutzengel helfen. KOHA 2008

Williamson, Marianne: Rückkehr zur Liebe. Harmonie, Lebenssinn und Glück durch »Ein Kurs in Wundern«. Goldmann 1999

Die Autorinnen

Prinzessin Märtha Louise (*1971) und **Elisabeth Nordeng** (*1968) gründeten 2007 in der norwegischen Hauptstadt Oslo die Schule Astarte Education, in der sie Kurse im Bereich Selbstentfaltung mit einer spirituellen Dimension anbieten. 2009 haben sie das Buch »Møt Din Skytsengel« (dt. Ausgabe: »Schutzengel begleiten dich«, KOHA 2010) veröffentlicht, das in vielen Ländern erschienen ist. Zudem halten sie weltweit Vorträge und Kurse ab.

Engel beschützen dich ...

Prinzessin Märtha Louise / Elisabeth Samnøy

Schutzengel begleiten dich

gebunden, 208 Seiten, farbig
€ 19,95
ISBN 978-3-86728-121-8

Schutzengel begleiten dich aus der Feder von Prinzessin Märtha Louise von Norwegen und Elisabeth Samnøy ist ein fundierter Ratgeber zur Entfaltung unserer individuellen Persönlichkeit.

Neben einer Einführung in die Bedeutung unseres Körpers, unserer Chakras und unserer Aura für die Neue Zeit bietet das Buch auf über 200 Seiten unzählige Tipps und Anweisungen, wie wir mit unseren eigenen positiven Kräften und unserer Intuition in Kontakt zu kommen. Das geschieht mithilfe vieler tief gehender Meditationen durch die Anbindung an unseren Körper – vor allem an unser Herz –, an die Erde und das Universum und natürlich an unsere Schutzengel. Es enthält aber auch handfeste Anleitungen wie etwa fantasievolle Kochrezepte, die unseren Körper mit neuer Energie versorgen.

Die natürliche Sprache und liebevolle Führung durch die Übungen und Meditationen beflügeln den Leser, sich ganz von selbst den anderen Dimensionen unseres Seins zu öffnen.